EL EXITO LO ENCUENTRAS DESPUES DEL MIEDO

OCTUBRE 12, 2025

FLAVIO JIMENEZ

PROLOGO

Quien tiene el privilegio de saber, tiene la obligación de enseñar. Estas son las palabras que le enseñó Don Crescencio o "Nino Chencho" a su nieto Flavio Jiménez.

Me honra mucho ser parte de esta nueva obra de Flavio, quien, aparte de ser mi gran amigo, ha sido un gran mentor que no solo ha impactado mi vida sino la de miles de personas.

En estas páginas, Flavio nos invita a acompañarlo en un viaje único: el de sus experiencias, sus luchas incansables y los aprendizajes que han forjado su camino. Con cada historia y cada enseñanza, nos entrega parte de su legado para que podamos aplicarlo en nuestra propia vida.

En "El Éxito lo encuentras después del Miedo, Flavio nos enseña de una manera directa y clara que detrás del miedo siempre hay una oportunidad, y que el verdadero crecimiento nace del aprendizaje, la acción y la resiliencia.

No importa en donde estés, cuales sean tus circunstancias ni lo que haces ahora, si quieres cambiar tu vida y superar tus miedos, este libro es para ti.

Dicen que si iluminas tu vida serás rico. Peros cuando iluminas la vida de otros serás millonario. Esa es la filosofía de Flavio, siempre la aplica en su diario vivir con una integridad única.

Deseo que te atrevas a vivir esta experiencia y que puedas lograr grandes cambios en tu vida para que seas más pleno y feliz.

Aquí puede estar la llave de tu éxito.

BEN POLI

ESTE LIBRO LO DEDICO A MIS HIJOS BRIANNA Y EDGAR OTTO.

Ustedes han sido uno de los motivos más bonitos y puros que me ha mantenido firme cuando el miedo intentó o quiso desviarme. Cada uno, con su luz y su carácter, me ha recordado que el verdadero éxito no es la riqueza acumulada solamente, sino el legado que se construye en familia. Gracias por darme motivos para soñar más alto, para luchar con más fuerza, para saber que soy fuerte y que no debo rendirme jamás. Este libro también es suyo, porque son ustedes quienes me inspiran a demostrar que el miedo se vence y que después de él, siempre aparece el éxito.

INDICE

GRACIAS OTTO:

Amor y miedo.

Todos los días escucho un sin fin de razones para tomar acción, pero escucho aún más excusas para no tomarlas. Quizá la apatía, la falta de ganas o el estar conforme con la vida actual que tenemos están llegando cada vez más a las personas, me imagino que es como la humedad, poco a poco se filtra, y así, sin sentirlo empieza a ablandar todo lo fuerte que es la materia. En estos últimos años he visto como las personas tenemos diferentes objetivos, diferentes ideas de lo que es la vida, lo que es la libertad financiera.

Me dijeron que era fácil hablar de belleza física si el que lo dice es bello o bella, pregúntale al feo y te darás cuenta de que la belleza es subjetiva y que es más importante la autoestima. Me dijeron también que es fácil decir que el dinero no lo es todo cuando ya lo tienes, pero pregúntale al padre o madre de familia que no sabe cómo darle de cenar esta noche a sus hijos. En lo que casi todos estamos de acuerdo es que lo más importante es la salud, pero también que lo más valioso que tenemos es el tiempo. Pero para tener buena salud y disfrutar bien tu tiempo se necesita dinero... Entonces viene la pregunta: ¿Cuál es la razón del desperdicio de tiempo y por qué no avanzamos cuando tenemos la energía y salud para hacerlo? Todo se resume según un sacerdote católico de mi pueblo en dos sentimientos: El amor y el miedo.

Si de verdad amas la vida y lo que haces, ya tienes el 80% ganado, el 20% restante es planeación y ejecución. Pero si el sentimiento es miedo, estas 100% atascado y es casi seguro que no vas a avanzar. Si el miedo te está frenando, déjame decirte algo: el miedo no te va a pagar la renta, no te va a dar libertad financiera y mucho menos te va a hacer rico. El miedo solo sirve para una cosa: mantenerte exactamente dónde estás. Yo he visto personas con más talento, más dinero y más contactos que tú y que yo... pero siguen estancadas porque no se atreven a dar el primer paso. También he visto a personas que empezaron sin nada, que no sabían absolutamente nada de bienes raíces, pero tenían algo que lo cambia todo: coraje para actuar.

Si sigues dejando que el miedo decida por ti, vas a seguir trabajando para alguien más, viendo cómo otros construyen su imperio mientras tú solo 'lo piensas'.

¿Es eso lo que quieres? No creo.

Así que hazte un favor: toma ese miedo y conviértelo en combustible. Usa esa energía para aprender, para moverte, para cerrar tu primera inversión. Porque el miedo no desaparece... ¡pero la acción lo hace insignificante!"

Cuando me dijeron esto se me quito un gran peso de encima, solo tenía que identificar que sentimiento yo sentía o tenía al momento de hacer algo, ¡Qué bueno que se reduce a solo dos factores y que difícil es enfrentarlos! El miedo te da muchas excusas para que ni siquiera lo intentes, el amor te da en cambio muchas razones para hacerlo. He descubierto que me gusta saber, me gusta aprender, es muy rico enterarte de los éxitos y los fracasos de otras personas, ¡Me encanta el chisme constructivo!

Aprendo del miedo de los demás y en ocasiones calculo las grandes pérdidas que estas personas han tenido por no actuar, por dejar que el miedo los consuma. De la misma manera he aprendido de grandes fortunas que se han logrado gracias al amor con el que se enfrentan a los objetivos y superan las adversidades.

Con el paso de los años he escuchado miles de historias de mis clientes, de personas que se acercan a saludarme después de una conferencia, historias en las redes sociales etc. Y cuando me preguntan por un consejo o una estrategia de estructura en su portafolio de bienes raíces, se quedan pasmados y con cara de confusión cuando les digo: Tu solución es fácil, lo haces por amor o dejas de hacerlo por miedo. El romanticismo de la palabra amor, suena demasiado cursi, sobre todo si lo llevas al contexto del éxito personal, profesional o empresarial.

Casi siempre escuchas a las personas decir esa palabra cuando se refieren a sus hijos, padres, pareja o a un familiar, yo solo he escuchado decir esa palabra en el contexto profesional o empresarial a las personas que tienen éxito: Amo lo que hago. Así que el día de hoy te invito a que escuches tu dialogo interior, que descubras que es lo que te dice tu consciente y subconsciente, que por fin seas honesto y descarado contigo mismo y te preguntes si lo que haces es por amor o por miedo, que cuando llegue una idea negativa o te quieras poner un pretexto, empieces a buscar personas que ya lo han hecho, muchas de esas personas empezaron peor que tú y lo lograron, muchos empezaron más tarde y más viejos que tú y lo lograron, hay una cantidad de miles de personas que nacieron en la pobreza y lograron ser millonarios. Tu mayor miedo debería ser el fracaso, el de ni siquiera intentarlo. Aceptar que esta vida y esta realidad que tú tienes es 100% tu responsabilidad.

Zapatero a tus zapatos... en este libro te voy a decir lo que yo he aprendido en mis 26 años de carrera en bienes raíces, lo que he visto con mis clientes y lo que he aprendido de mis mentores. Te voy a contar algunas de las metidas de pata que hice y lo que aprendí de ellas. También te voy a contar los aciertos.

Pero como ya conozco a mi gente, antes de que empieces a buscarle mangas al chaleco y te vayas forjando excusas y pretextos, antes de que te autosabotees, antes de que continues con la lectura de este libro, quiero dejarte con estas pequeñas historias de éxito:

La Historia de Hetty Green: "La Bruja de Wall Street" y Reina de los Bienes Raíces en el Siglo XIX

Hetty Green (1834–1916) fue una de las mujeres más ricas de la historia de Estados Unidos... en una época donde las mujeres ni siquiera podían votar. La llamaban "La Bruja de Wall Street", no por magia oscura, sino porque era imparable, calculadora, y brutalmente inteligente en las inversiones.

Nació en una familia de comerciantes de Nueva Inglaterra, y desde pequeña mostró habilidades fuera de lo común. A los 13 años ya manejaba los libros de contabilidad del negocio familiar. Cuando heredó su fortuna, no hizo lo que muchas mujeres ricas de su tiempo hacían (gastar en lujos y bailes) ... Hetty la invirtió.

Pero aquí está lo interesante: la mayoría de su fortuna la construyó invirtiendo en bienes raíces y bonos, especialmente durante épocas de crisis.

Compraba propiedades enteras a precios de remate durante pánicos financieros. Compraba edificios, terrenos, estaciones de tren y propiedades industriales.

Cuando todos huían del mercado, Hetty compraba barato y vendía caro después.

No tenía miedo. Tenía visión. Y mientras muchos hombres se burlaban de ella, Hetty amasó una fortuna equivalente a más de $5 mil millones de dólares actuales.

Vivía de manera extremadamente frugal. Usaba la misma ropa vieja, no contrataba sirvientes y negociaba cada centavo porque su prioridad era invertir y seguir acumulando activos.

--- ¡Yo creo que le decían bruja no solo por lo que les mencione anteriormente, sino porque además de millonaria era muy agarrada! ¡No gastaba en nada! Decían que no compraba ropa y en ocasiones parecía pordiosera... ¡Tanto dinero y no saber vestirse!

Hetty Green rompió barreras sociales, de género y de época. En pleno siglo XIX, dominó el mundo de los negocios y los bienes raíces en un mundo hecho por y para hombres. Nunca buscó ni tuvo pretextos.

Mientras otros buscaban aparentar riqueza, ella la construyó ladrillo por ladrillo, comprando cuando todos vendían, y pensando en el largo plazo.

---Esto es lo que les digo a los miembros de mi grupo privado de mentoría ROI by FJ: Ustedes deben de tratar al mercado de bienes raíces de igual forma que los bomberos entran a un edificio en llamas: Los que viven en el edificio salen corriendo mientras que los bomberos corren para entrar en él. De la misma manera es los bienes raíces, cuando las personas no compran porque están altos los intereses, o porque las propiedades están caras...salen del mercado, es ahí donde un buen inversionista entiende que llegó la oportunidad de tomar acción y entrar en el juego de hacer crecer tu portafolio.

"El secreto de la inversión está en esperar el momento correcto y tener el valor de actuar cuando todos los demás tienen miedo."
—*Hetty Green*

La Historia de John Jacob Astor: El inmigrante alemán que construyó un imperio inmobiliario en Nueva York

John Jacob Astor (1763–1848) llegó a Estados Unidos con una maleta, pocas monedas, y un inglés básico. Era un inmigrante alemán que empezó vendiendo instrumentos musicales y pieles de castor. Pero el verdadero giro de su vida ocurrió cuando puso los ojos en un terreno que casi nadie valoraba en ese momento: la isla de Manhattan.

Astor se dio cuenta de algo que otros no veían: la ciudad estaba creciendo, y la tierra en Nueva York, algún día, sería oro puro.

En lugar de gastar su fortuna en lujos, la reinvirtió agresivamente en propiedades, lotes, y edificios en zonas clave de Nueva York.

Compraba tierras antes de que se urbanizaran. Sabía que la ciudad crecería hacia allá, y cuando eso pasara, él ya sería el dueño.

No solo compraba... nunca vendía. Rentaba, desarrollaba y reinvertía.

Años después, Astor era conocido como el hombre más rico de Estados Unidos.

Su fortuna, ajustada a hoy, sería de más de $160 mil millones de dólares.

Y todo empezó comprando tierra cuando nadie la quería, esperando con paciencia y visión. Su imperio se convirtió en la base de la dinastía Astor, que por generaciones controló gran parte del real estate de Manhattan. Aún hoy, hay calles, edificios y hoteles que llevan su nombre.

De esta historia podemos aprender que:

No necesitas suerte. Necesitas visión, paciencia y el valor de actuar cuando otros dudan.

Astor no era un genio financiero con estudios avanzados. Era un inmigrante trabajador, con visión a largo plazo y disciplina. Y gracias a eso, es considerado el primer magnate inmobiliario de América.

"Compra tierra, que ya no se está fabricando más."
—*Frase atribuida a Astor*
(y repetida por inversionistas hasta hoy)

El día de hoy y según a quien preguntes, se estima que hacen falta entre 5 a 7 millones de propiedades para satisfacer la demanda de vivienda en USA, ¿Entonces si está asegurada la demanda, que es lo que debes hacer?

La tierra es finita, pero la demanda siempre crece. El que la posee, posee el futuro.

La Historia de Arnold Schwarzenegger: De Inmigrante a Magnate Inmobiliario

Muchos conocen a Arnold Schwarzenegger como fisicoculturista, actor y exgobernador de California... Gobernator. Pero pocos saben que su primer millón de dólares no vino del cine ni de la política. Lo hizo invirtiendo en bienes raíces, mucho antes de convertirse en Terminator.

Cuando Arnold llegó a Estados Unidos desde Austria en los años 60, apenas hablaba inglés y no tenía dinero. Pero tenía una mentalidad clara: quería libertad financiera. Mientras entrenaba y trabajaba como albañil con otros fisicoculturistas, guardaba cada centavo que podía ahorrar.

En lugar de gastarlo en lujos, compró su primer edificio de departamentos de seis unidades en Los Ángeles. No sabía todo sobre bienes raíces, pero entendía algo esencial: la renta que pagaban los inquilinos cubría la hipoteca... y dejaba ganancias.

Con el tiempo, refinanció esa propiedad, sacó capital y compró otra. Y luego otra. Así fue construyendo un portafolio millonario de bienes raíces, se apalancaba en dinero del banco para hacer dinero el, esto lo hizo antes de su primer gran papel en Hollywood.

Él mismo lo ha dicho muchas veces: *"El dinero que gané en bienes raíces me dio la libertad para elegir mis papeles en el cine. Nunca tuve que aceptar un mal papel por necesidad. Yo ya era millonario."*

No necesitas ser actor, político o campeón de fisicoculturismo para construir riqueza...

Necesitas disciplina, visión y acción. Arnold no esperó a "ser famoso" para invertir.

Primero construyó seguridad financiera y después fue por sus sueños artísticos.

---En una de mis convenciones dije: ¡El éxito es por diseño, ve y diseña el tuyo! En esta convención que duró 2 días había cientos de personas, entre ellas una muy importante para mí: Mi hijo Otto. Sin yo saberlo él me estaba poniendo atención y un par de días después me dijo:

---Si el éxito es por diseño, ayúdame y enséname a diseñar el mío, quiero tener activos, quiero tener un negocio que no necesite tanto tiempo de mi para correrlo.

--- Tienes que enfocarte y ser disciplinado, si tú te comprometes a pagar el precio no solo de aprender sino también de ejecutar, yo te enseño. ¿Pero dime, cual es el fondo de esto? ¿Para qué quieres este tipo de negocio o de activos?

--- Quiero tener la libertad económica para realmente hacer lo que me gusta, aunque lo haga gratis, solo por el placer de hacerlo.

--- Que es lo que te gusta tanto a tal punto de hacerlo gratis?

--- Me encanta la música, y aunque le voy a echar todas las ganas, sé que es un ambiente muy difícil y competitivo. Por eso quiero primero asegurarme económicamente en un negocio para que me de la libertad financiera, y una vez esté ahí, iniciar y diseñar mi propio camino, no quiero estar presionado haciendo música mientras pienso también en como pagar mi estilo de vida. (¡Se está convirtiendo en terminator también!)

--- Quiero hacer lo que tú haces, continuó mi hijo... "A ti te fascina viajar y dar conferencias en vivo, te gusta enseñar a los hispanos lo que tú sabes hacer, mientras tú haces eso, mientras viajas, tus inversiones siguen produciendo y tú no tienes que estar ahí para que te den flujos económicos cada mes. Tú siempre dices que tus inquilinos pagan todo por ti, desde tu estilo de vida hasta tus placeres, pues bien, yo quiero eso, quiero que me enseñes."

Me puse sentimental, estaba feliz de saber que mi hijo había encontrado a sus 19 años algo que le apasionaba, además de feliz estaba orgulloso de saber que el ejemplo de nosotros como padres estaba dando frutos. Yo siempre les digo a mis clientes y a las personas que asisten a mis conferencias: Tienen que encontrar su segunda fecha de nacimiento, tienes que saber para que nacieron, ¡Para que están en este mundo!

Hombre precavido vale por 2. Se siente padre saber que mi esposa y yo hemos contribuido en la formación de nuestros hijos, se siente muy chingón saber que tus hijos saben lo que quieren y están ya planeando como hacerlo de una manera redituable.

Les confieso que hace algunos años atrás, ninguno de mis hijos quería saber nada de bienes raíces, no fue una pildorita fácil de tragar, pero mi esposa me hizo entender que la vida es de ellos y que ellos tienen que volar a su propio destino. Al final todos los padres estamos de acuerdo que lo que de verdad queremos para nuestros hijos es que sean felices.

La lección aquí que le di a mi hijo y que el me dio a mí también es: Estudia, no importa la edad que tengas ni tu situación actual, renuncia a los placeres en este momento, mientras otros se divierten tu estudia y aprende, mientras otros gastan tu ahorra e invierte, estructúrate, diseña tu éxito, todo el esfuerzo de ahora tendrá sus frutos y sus placeres al 100 por 1, no malgastes tu tiempo ni tu dinero. Como me dijo mi abuelo: El que adelante no mira, con razón atrás se queda.

Introducción

Como la gran mayoría de nosotros, crecí con el sentimiento de saber que se siente tener más. ¿Que se sentirá cuando terminas la universidad, tener más estudios?

¿Que se sentirá cuando por fin tienes un buen empleo? ¿Que se sentirá tener tu propio negocio? ¿Que se sentirá poder viajar de vacaciones a lugares que solo conoces por los libros o la televisión? ¿Que se sentirá tener ahorros y además tener dinero para invertir? Agrégale todos los demás: ¿que se sentirá? que recuerdes, te aseguro que más de una vez soñaste con realizarlo y tenerlo.

En el pueblo de Jalisco México en donde yo crecí, El Limón, (para los bilingües... Lemon City) vivía un hombre que casi todos los días estaba borracho, nunca supe cuál era su nombre, todos le decíamos Roque. Un día mi madre me mando a la tienda de abarrotes que estaba en "la placita" a traer algo que la hacía falta para preparar la comida, Roque estaba tirado en la banqueta, quejándose dolorosamente y con las manos en el estómago, me estoy muriendo decía, yo me asusté, aunque siempre lo veía borracho y no le ajustaba la calle para caminarla de lado a lado, ese día pensé que de verdad se moría. Voltee a todos lados y no había nade en la calle, me acerque y le pregunte:

--- ¿Roque, en qué te puedo ayudar? ¿Que tienes?

--- Me estoy muriendo, me está llegando la peor cruda (resaca) de la borrachera de anoche.

--- ¿Y cómo se te quita? ¿Qué hago?

--- Dame un vino por vida tuya, dame una cerveza, un mezcal o un tequila, con eso me vas a salvar.

Salí corriendo a la tienda y le pedí a la encargada un poco menos de lo que mi mamá me había ordenado con tal de que me sobrara dinero para un "decilitro de mezcal". Regresé corriendo y Roque estaba peor, gritaba del dolor y todo su cuerpo temblaba. ¡El mezcal me lo dieron en una bolsita de plástico, le metieron un popote y le hicieron un nudo!

--- ¡En la madre! ¿Roque, se lo va a tomar usted con popote?

Roque ni me escuchó, me arrebató la bolsita de plástico y se tomó todo el mezcal sin respirar, se recostó de nuevo en la banqueta y le valió un pepino el sol que realmente quemaba, siguió quejándose. Yo me fui a casa a dejarle el mandado a mi mamá, pero no se me quitaba de la mente el pobre Roque, cada minuto que pasaba me preguntaba si ya se había muerto. La curiosidad y el remordimiento de consciencia por no haberlo ayudado más me impulsaron a ir de nuevo a la banqueta. Ahí estaba

Roque, ya no se quejaba y tampoco estaba temblando, ya estaba sentado aún en la banqueta y recargado en la pared.

--- ¿Que susto me sacaste Roque, de verdad pensé que te ibas a morir, te sientes mejor?

--- Me ayudaría otro trago, con otro trago me recupero.

--- Te voy a quedar mal Roque, ya no tengo dinero.

--- No te preocupes, ya la señora Josefina de la esquina me va a dar uno.

Efectivamente, la señora de la esquina traía una botella con tequila, ella también lo había escuchado y salió para ayudarlo. Roque desesperado tomo la botella y le dio varios tragos, yo miré como en unos minutos el alma le regresaba al cuerpo. La mujer se regresó a su casa no sin antes haberlo regañado, le dijo que ya no anduviera tomando, que un día si se iba a morir de la cruda.

En la vida te encuentras a las personas por 2 razones: Para enseñarles algo o para que te enseñen algo.

--- ¿Roque, por qué tomas? Ya sabes que te hace daño.

--- Yo nací para ser borracho, para eso nací. He vivido borracho y de seguro moriré borracho.

Se quedó callado y entendí que Roque no estaba ese día para una plática conmigo. Me retire en silencio y desde ese día una pregunta me venía una y otra vez a la cabeza. ¿Yo para que nací?

Muchos años después encontré la respuesta, yo nací para que mi negocio sea bienes raíces, nací para compartir lo aprendido con todos los que quieran y deseen. Descubrí que bienes raíces es la solución para todos mis: ¿Que se sentirá tener o hacer? Quiero compartirles a todos los lectores de este libro el poder de los bienes raíces, el poder del "apalancamiento", el poder de utilizar el dinero de otros para hacer dinero tu y el infinito poder de manejar el tiempo de otros. Me gustaría mucho que todos ustedes, los lectores, experimenten la libertad que genera este sentimiento de que tu mundo financiero personal ahora ya tiene un destino, ya es palpable, ya se puede empezar a convertir en tu legado familiar. Se que existen muchos cursos, capacitaciones y charlas sobre este tema, algunos son buenos, pero la gran mayoría te venden cosas que no necesitas o que dejas en algún rincón de tu casa y nunca las estudias, ni implementas y ni llevas a cabo.

Este libro es diferente, uno de mis objetivos es que en estas páginas encuentras historias, anécdotas, fórmulas y pasos a seguir. Quiero hacerte sentir incómodo, quiero que sientas que te estoy hablando directamente a ti, como si te conociera, quiero que en un momento de esta lectura mi manera de decir las cosas haga que yo te caiga mal... La verdad no peca, pero incomoda.

Me gustaría lograr en ti, lo que mi mentor logra en mi cada vez que lo miro, me dice las cosas tal y como son, sin ponerle ni quitarle nada, no hay filtros, no existen las excusas y está prohibido decir no puedo, todo lo dice: A calzón quitado.

Una vez que dices lo voy a hacer, hazlo. Es un código de honor personal, no es para que quedes bien con nadie, solo contigo. Este código no es para presumirle a nadie, es para lograr tus metas y con humildad ayudar a otros a lograr las suyas. Estas páginas son como tu cuaderno de estudio, escribe en ellas, subráyalas, analiza el contexto y transporta cada historia, anécdota, fórmula y estrategia hacia ti, imagínate que ya eres tú la persona que lo está haciendo, usa este libro como un concepto tangible de lo que puedes lograr.

Hazte la promesa en silencio y a solas de que tu naciste para lograr más de lo que hasta hoy has logrado. Embriágate como Roque, emborráchate, pero no de alcohol sino de conocimiento y de ganas de lograr cada una de las metas y propósitos que te hayas imaginado. Cuando las cosas no te salgan como esperabas, cuando no te salgan tan bien, te invito a que te des un tiempo, que pares y respires, hazlo por unos minutos, unos momentos solamente, piensa con calma en lo acontecido, ¿qué vas a aprender? Analiza, aprende, corrige y actúa. Has tuya esta frase, que para mí ya se convirtió en un mantra personal:

Esto es un juego, y el juego no termina hasta que yo gane.

CAPITULO I

Los Bienes Raíces Como Vehículo Hacia La Libertad Financiera

"Invertir en bienes raíces no es acumular casas, es crear independencia y así acumular libertad"

La Historia de Barbara Corcoran: De Mesera a Reina del Real Estate en Nueva York

Hoy la conoces por ser una de las inversionistas del programa "Shark Tank", pero Barbara Corcoran comenzó desde abajo. Muy abajo.

Nació en Nueva Jersey, en una familia con 10 hijos. Era una estudiante promedio, con dislexia, y nunca destacó en la escuela. A los 23 años, trabajaba como mesera ganando $250 a la semana cuando conoció a un hombre que le prestó $1,000 para que empezara un pequeño negocio de bienes raíces en Nueva York.

¿Sabía algo del mercado? No. ¿Tenía experiencia? Cero. Pero tenía algo que nadie le podía quitar: hambre de éxito.

Con ese préstamo y una libreta para anotar clientes, fundó The Corcoran Group desde su pequeño apartamento. Empezó repartiendo panfletos puerta por puerta, organizando visitas, y aprendiendo en la calle cómo se movía el mercado inmobiliario.

Pero aquí viene lo impresionante:

En los años 70 y 80, mientras otros esperaban estabilidad o seguridad, ella se arriesgó invirtiendo en propiedades cuando nadie más lo hacía.

Empezó a escribir un boletín con reportes de precios y tendencias del mercado (algo que nadie hacía en ese momento). Eso la posicionó como experta y aumentó sus ventas como espuma.

En 2001, vendió su empresa por 66 millones de dólares.

Barbara pasó de servir café en mesas a convertirse en una de las mujeres más influyentes del sector inmobiliario en Estados Unidos.

Lección de esta historia:

No necesitas tener el conocimiento perfecto ni todos los recursos desde el inicio. Necesitas valor, perseverancia y una mentalidad que no se rinde.

Barbara usó mil dólares y toneladas de determinación para levantar un imperio inmobiliario en una de las ciudades más caras del mundo.

¿Y tú? ¿Qué podrías hacer con mil dólares... y una mentalidad como la de un tiburón?

¿Qué es la libertad financiera?

Cada uno tiene una respuesta diferente, cada persona tiene un numero de ingresos mensuales para decir: Si yo ganara esta cantidad de dinero al mes, me salgo de trabajar, ya con eso la hago. Todos sin duda deberíamos tener ese número mágico de ingresos mensuales sin tener que trabajar, lo deberías de tener para darle un sentido financiero y un objetivo a tu vida. Para los que se dan baños de pureza y baños de filosofía conformista y ahorita están pensando que el dinero no es todo... también hagan su proyecto de vida, si no es dinero o finanzas entonces que sea de salud, ejercicio, felicidad, relaciones buenas con tu familia, etc.

Pero para los que pensamos que todas estas cosas son más fáciles de lograr cuando tienes una estabilidad económica entonces ponte en serio a pensar: ¿Cuánto necesitas de ingresos pasivos mensuales para que digas ya no necesito trabajar? Una vez tengas la cifra, empieza a desarrollar tu estrategia y plan de trabajo para que ejecutes con todas las ganas y todo el enfoque. Las preguntas que necesitas saber las respuestas para tu proyecto de vida financiera son:

1.- Cuánto dinero quiero?

Esta debe de ser una cantidad especifica mensual, por ejemplo: $15,000 dólares al mes como ingresos pasivos.

2.- En cuánto tiempo lo quiero?

Debes de tener un tiempo específico, medible y determinado, por ejemplo: en 7 años, para mayo 17, del año 2032

3.- Análisis real de tu situación actual.

Debes de saber en dónde estás parado, cuál es tu puntaje de crédito, cuánto vales en dinero, cuánto ingresas al mes, cuanto reportas de impuestos anualmente, eres honesto en tu declaración o haces fraude fiscal y declaras menos para no pagarle al IRS.

Cuánto gastas (presupuesto real mensual), cuánto debes y cuáles son tus obligaciones crediticias a tus acreedores, que porcentaje de tus ingresos se van para pagar deudas, que porcentaje de ingresos se van para pagar tu estilo de vida, cuánto tienes ahorrado, y cuál es tu poder adquisitivo, para cuánto calificas en un préstamo hipotecario, HELOC... Home Equity Line Of Credit: línea de crédito en contra de la plusvalía de tu casa, o préstamo personal. ¿Tienes acceso a dinero? ¿Y a cuánto?

4.- Diseño de tu estructura y creación de tu plan de trabajo.

Aquí es donde necesitas una guía, un mentor.

Acércate con la persona que ya está haciendo lo que tu apenas quieres empezar a hacer. Hazlo con la firme convicción de que no vas a perder tu tiempo y mucho menos el tiempo de tu mentor, tienes que estar convencido de que, si te dice rana, tu saltas. No hay nada peor para un mentor que ver que la persona que le pide ayuda y consejo solo haga perder su tiempo y jamás haga nada, si eso pasa contigo, ten la certeza de que dejará de ser tu mentor y posiblemente tu pierdas una gran oportunidad de aprender, progresar y cumplir tus objetivos.

Y por si eso fuera poco, tu mentor te recordará siempre como una persona que tiene arranque de caballo y parada de burro... un loser. ¡Qué vergüenza!

5.- Implementación y acción, mucha acción.

Aquí es donde el progreso diario oc convierte en un motivador excepcional. Me gusta mucho lo que dice Tony Robbins:

El progreso = poder personal.

Tony dice que cuando sientes que estas progresando, aunque sea poco a poco, recuperas tu poder, tu enfoque y tu fe en ti mismo. "Cuando progresas te transformas" "Si no estas creciendo, estas muriendo." "Los seres humanos somos más felices cuando progresamos, no cuando alcanzamos metas." Y la frase de Tony que más me gusta es: "El éxito sin realización es el fracaso definitivo. El progreso constante hacia una visión con propósito es lo que crea plenitud."

Este paso número 5 es muy importante, la verdad todos los pasos son importantes, pero este en particular es la estructura de tus cimientos financieros, tiene que ser muy sólida porque desde aquí, desde tus cimientos vas a construir tu imperio y tu legado.

6.- Desarrollo y creación de tu estrategia fase 1.

Fase 1, es de expansión y crecimiento, aquí diseñas las inversiones y de que tipo, aquí calculas inicialmente los ROI's (Retornos de inversión), aquí hay gustos para todo. Algunos quieren hacer flips (comprar, rehabilitar y vender) otros quieren comprar casas, algunos prefieren departamentos, otros condominios, en fin, hay mucho de donde escoger. En fase 1, los bancos ya te empiezan a conocer, ya eres la persona que está dando sus primeros pasos en el mundo de las inversiones inmobiliarias. En esta fase también ya debes de implementar con un abogado experto en protección de bienes la estructura de tu portafolio. Trust o fideicomiso, LLC's etc. También aquí en esta fase ya debes de tener un experto en impuestos, alguien que te cuide de no cometer fraude fiscal y no alguien que lo conviertas en tu cómplice para ahorrarte pagar impuesto de manera ilegal al tío Sam.

7.- Libertad financiera. Creación de nuevos objetivos.

Aquí en esta etapa posiblemente ya estás en fase 3 o en fase 4. Ya lograste tu objetivo de ingresos mensuales pasivos. Si recuerdas en este ejemplo debías tener un tiempo específico para lograrlo, dijimos como ejemplo 7 años, para el 17 de mayo del año 2032. Aquí sin duda ya tienes una estructura bastante sólida y un portafolio de varios millones de dólares, es aquí cuando yo les digo a mis clientes que si lo desean podemos hacer ¡un reverendo y sacrosanto desmadre! ¡Cállate los ojos! No te quiero ni decir el abanico de opciones y oportunidades que se te van a presentar.

Para estas alturas ya debes de saber en como convertirte en tu propio banco (en los próximos capítulos te digo más a fondo esto), ya sabes cómo apalancarte con dinero de otros para hacer dinero tú, ya tienes una estructura y estas blindado a prueba de inflación, recesión y además los bancos te buscan para darte dinero, aquí en esta etapa ya entendiste al 100% cómo funciona el OTM (Manejar el tiempo de otros) ya también te estas apalancando y ganas usando el tiempo de otros para hacer dinero tu.

¿Te preguntarás cuántas fases existen? ¡No hay límite!

Fases de crecimiento terminan hasta que tú quieras, yo en lo personal he desarrollado fase número 21 y apenas he implementado con mi cliente más avanzado fase número 11, ¡y el más avanzado soy yo! ¡Hazme el pinchi favor!

En esta fase 11 ya estarás comprando complejos de departamentos, propiedades con valor de varios millones de dólares y los bancos te adoran, les encanta que les debas dinero y les pagues intereses, por otro lado, a un buen inversionista les gusta deberle al banco y con el dinero del banco hacer dinero el, al fin y al cabo, los intereses los pagan los inquilinos y la deuda del banco la cubre el colateral...la cubre la propiedad.

Recuerdo mi primer negocio en bienes raíces, un señor llego a mi oficina para decirme que quería comprar una casa nueva, nunca había comprado una y pues quería que su primera casa fuera nuevecita, la quería estrenar. Como muchos hispanos fue a mi oficina enamorado ya de la casa sin saber si la podía comprar o no, no sabía si calificaba para el préstamo.

Tenía todo en orden y para su suerte si calificó perfecto para esa propiedad. ¡El hombre estaba feliz, y su esposa, el querido freno de mano se sentía como pavorreal, ella ya se miraba en la casa nueva, ya la tenía toda decorada y la bendita casa se la entregaban dentro de 6 meses! Tenían que esperar a que la construyeran, así que como buenos paisanos empezaron a celebrar y a contarle a sus familiares y amigos la próxima mudanza y cambio de código postal de la casa, la mansión, la residencia, que digo residencia el palacio que estaban a punto de adquirir, tenía un valor de venta de $325,000 esto es cuando las propiedades en promedio en el mercado valían $230,000 así que ante sus ojos y los míos (me estaba ganando 3% de comisión) si era un palacio. Durante ese tiempo de espera de la constructora los fui conociendo más y me enteré de toda su situación económica y financiera, yo estaba cuidando todos los detalles para que no se les fuera a ocurrir comprarse un auto o meterse en deudas de tarjetas de crédito, arruinarían toda la transacción y adiós palacio y adiós comisión.

Me enteré de que vivían rentando una casa que era de la hermana de mi cliente, o sea cuñada del freno de mano, la cuñada al enterarse que sus inquilinos se iban a salir de ahí y que de pilón se comprarían una casa nueva le dieron celos... ¿Cómo sus inquilinos, pero sobre todo su cuñada iba a pasar de ser inquilina a dueña de casa? y no cualquier casa, ¡sería una mejor que la de ella! En ese momento esa propiedad que le rentaba a su hermano tenía un valor en el mercado de $185,000 dólares, y la verdad de plano no había comparación.

Así que como agente de bienes raíces me paso lo mejor que me podía pasar. Me dijo: Quiero que en cuanto mi hermano y su familia me desocupen la casa, usted me la ponga a la venta y con ese dinero me agarre una casa nueva exactamente como la que ellos van a comprar. ¡Mis ojos se convirtieron en una expresión de $$$$ eran 3 transacciones! ¡La compra de la casa nueva, la venta de la casa vieja y la compra de otra casa nueva y como yo también hacia los prestamos entonces eran 2 transacciones adicionales! Eran comisiones en casi $1.5 millones de dólares! ¡Atáscate que hay lodo papá! Pero lo bueno no fue eso, este no fue mi primer negocio en bienes raíces.

La dueña de la casa vieja (en comparación a la casa que si iban a comprar el hermano y la cuñada) tenía otra casa en donde ella vivía y también la quería vender para meterle todo el dinero de la ganancia a la casa nueva que iba a comprar, (financieramente ese movimiento es un error más adelante les cuento por qué) dicha casa la había comprado casi 2 años antes y aun no tenía mucha plusvalía o equity, lo que si tenía era un 2.75% de interés fijo por 30 años, en ese momento la tasa de interés hipotecario oscilaba entre 5.25% a un 5.5%.

Le conté a mi mentor esta situación y me dijo que le ofreciera toda mi comisión a cambio de quedarme con esa casa y sobre todo con ese interés, el trato se le conoce como un subjet to (sujeto a) o también como un wrap around. ¿Qué es? Es financiamiento creativo.

Te explico: Es cuando tú compras una propiedad sujeta al financiamiento existente, es decir, te haces cargo de los pagos de la hipoteca actual del vendedor, sin pedir un nuevo préstamo y sin asumir la hipoteca legalmente a tu nombre. El préstamo sigue a nombre del vendedor, pero tú tomas control de la propiedad y haces los pagos. La casa es tuya legalmente, la puedes rentar, refinanciar y hasta vender en un futuro si así lo deseas, si la refinancias o vendes tienes que pagarle al banco la deuda existente que tenía el vendedor.

La dueña de la casa acepto mi propuesta y yo termine adquiriendo una casa con las comisiones que ellos me dieron a ganar. La casa me dio un retorno de inversión o un ROI del 12.75% anual, un par de años después hice mis cálculos y refinancie la casa para asumir también la deuda, hice lo que llaman un refi-cashout, que significa hacer un refinanciamiento sacándole dinero a la plusvalía de la propiedad, al hacerlo recupere más de las comisiones que obtuve por las transacciones de esta familia, así que al haber recuperado todo lo invertido y además de que también las rentas cubrían el nuevo pago después del refinanciamiento, mi retorno de inversión ROI se convirtió en infinito ∞, esa propiedad me daba ingresos mensuales netos y también incremento en el valor de la casa sin yo tener ningún centavo invertido y tampoco ningún riesgo.

¿Cuántas de estas propiedades puedes tener? ¡Todas!

¿Cuántas de estas propiedades aparecen en tu crédito? ¡Ninguna!

Si no tienes dinero para negociar este tipo de transacciones... ¿A cuántas personas conoces que te darían el dinero y hacerlos socios? Ellos ponen el dinero y tú les traes el trato, les traes el negocio.

En este momento que escribo este libro, estoy

negociando de esta misma manera de financiamiento creativo "sujeto a" un par de propiedades que me estarán dando un 13% y un 12.3% de ROI respectivamente.

A nivel mundial puedes encontrar historias de personas que han alcanzado la libertad financiera y también han construido un millonario portafolio inmobiliario. Sin duda alguna las generaciones pasadas y las actuales nos dejan pruebas y guías de como bienes raíces es un gran pilar en la acumulación y creación de riqueza.

¿Como identificar una oportunidad inmobiliaria rentable?

Primero tienes que estar preparado. Los pasos del 1 al 6 que te menciono al inicio de este capítulo serán tu base inicial, el paso número 7 ya es una definición de que estas participando en el juego seriamente. Tienes que empaparte del tema, de las reglas y de las tendencias junto con las proyecciones, tienes que entender el costo del dinero y los retornos de inversión, debes de entender y aplicar bien la velocidad del dinero y como diluirlo.

No es necesario que vayas a la universidad y que tomes clases, si lo haces te va a ayudar mucho, pero la verdad solo basta con que te empieces a rodear de personas que aporten a tu proyecto de vida. Haz tu lista de personas que necesitas, arma a tu equipo, este debe de ser parte de tu estructura y plan de trabajo, necesitas a agentes de bienes raíces que entiendan lo que quieres hacer, agentes de préstamos hipotecarios que sepan de diferentes programas de financiamiento, abogados en protección de bienes, abogados en contratos de compraventa de bienes raíces, contador, agente de impuestos, property managers, handy man, electricistas, plomeros, jardineros, etc.

¿Cuánto te cuesta este equipo? Nada. Solo te cuestan cuando los necesites.

Josué tenía 32 años, trabajaba como chofer de Uber en Los Ángeles y vivía rentando un cuarto en una casa compartida. Siempre había tenido la espinita de hacer algo grande, pero entre las deudas, el miedo y la falta de conocimiento, sus sueños se quedaban atorados en el retrovisor, solamente los miraba pasar.

Un día, dejó a un cliente en una construcción de lujo y, por curiosidad, se acercó al encargado. Era un señor mayor, ya estaba en el segundo tiempo de la vida, vestido con botas gastadas y un sombrero de palma. Este veterano se llama Don José.

Lo saludó con respeto y le preguntó:

—¿Usted es el contratista?

—No mijo, yo soy el dueño de este terreno... y también el dueño de la idea.

Esa respuesta le dio vueltas en la cabeza por días. ¿Cómo alguien así, sin traje ni oficina, podía ser el dueño de un proyecto tan grande?

A las dos semanas, Josué regresó a buscarlo. Le preguntó si podía aprender de él, trabajar gratis si era necesario. Don José lo miró de arriba abajo, con ojos de sabiduría y desconfianza.

—Te voy a decir algo, Josué. No me interesa que trabajes gratis. Me interesa que aprendas con intención. Si te comprometes, te enseño.

Así comenzó una mentoría que no estaba en ningún curso online.

Durante los siguientes dos años, Don José lo llevó a recorrer terrenos, visitar subastas, negociar con brókers, revisar planos, entender zonificaciones, pero, sobre todo, a pensar como inversionista, no como trabajador. Cada experiencia era una clase. Cada error, una lección con nombre y apellido.

Una vez le dijo:

—Josué, el primer terreno que compres va a ser el más difícil. No porque no tengas dinero, sino porque tienes miedo. Pero recuerda esto: la ignorancia es más cara que el fracaso.

Gracias a su mentor, Josué compró su primer terreno en un área olvidada de la ciudad, lo subdividió y lo revendió con una pequeña ganancia. No se hizo rico... pero se hizo libre de su miedo.

Hoy, Josué tiene cinco propiedades en desarrollo y está acumulando una pequeña fortuna. Cuando yo lo conocí en la conferencia que di en Orange County California me dijo:

"Sin Don José, yo seguiría manejando... pero sin rumbo."

Si de verdad estas en serio a desarrollar tu portafolio y crear libertad financiera, debes tener 2 piezas clave, así como en el ajedrez. A la pieza número uno la tienes que dominar, a la pieza numero dos la tienes que encontrar.

Pieza número 1: Tu mismo. Pieza número 2: Tu mentor.

Muchas personas me han dicho que no sienten que "encajan" en el sistema, que no lo entienden. Cuando por fin se animan a dar el primer paso, ahora sienten que no encajan en su nuevo circulo de conocidos, que se sienten fuera de lugar y que las amistades que antes tenían se alejaron porque tienen ya muy pocas cosas en común.

Cuando sientas que no "encajas" recuerda lo siguiente:

Howard Schultz – El miedo a no encajar

Howard creció en un barrio donde los sueños se quedaban atrapados entre edificios viejos. Su papá perdió el trabajo y él aprendió pronto que la vida no es justa. Años después, encontró una pequeña cafetería llamada Starbucks.

Muchos le dijeron:

—¿Vas a vender café caro? ¿Quién te va a comprar eso?

El miedo lo mordía: no encajaba en el mundo de los grandes empresarios. Pero él pensaba: "No vendo café, vendo momentos". Apostó todo, y hoy su visión está en más de 80 países.

Si no encuentras tu lugar, créalo.

El éxito lo encuentras después del miedo:

Franklin D. Roosevelt

"A lo único que debemos temer es al propio miedo."

(Discurso inaugural, 1933, en plena Gran Depresión.)

CAPÍTULO II

Cambia tu Mentalidad, Cambia tu Vida

"El mundo no cambia cuando te quejas... cambia cuando decides pensar en grande y aceptar tu responsabilidad."

"Lo más caro no es una propiedad en Beverly Hills... lo más caro es tener una mente limitada que te hace ver oportunidades como problemas y excusas como razones."

La primera propiedad que debes conquistar está en tu cabeza.

No se empieza en los bancos, se empieza en la mente. La mayor hipoteca que tiene la gente no es con el banco: es con sus creencias. Creencias heredadas limitantes que les impiden construir riqueza, aunque tengan la oportunidad frente a sus ojos. El que piensa en escasez, ve el mercado inmobiliario como una amenaza. El que piensa en abundancia, lo ve como una autopista hacia la libertad financiera.

Cuando yo empecé en bienes raíces, no tenía ni dinero ni apellidos poderosos. Lo que tenía era hambre. Hambre de aprender, de salir adelante, de dejar de ser parte de la estadística. Descubrí que el 80% del juego es mental. El otro 20% son estrategias, créditos, tasas de interés, apalancamientos y cálculos. Pero si no dominas el 80%, te ahogas en el 20%.

Y es que lo primero que hay que entender es que la mente actúa como un sistema hipotecario interno. Si crees que nunca serás dueño de nada, estás firmando mentalmente una hipoteca de 30 años con la mediocridad. Pero si empiezas a pensar como dueño, como creador de activos, tu mente empieza a liberar crédito emocional y mental para invertir con claridad, confianza y propósito.

Mentalidad de deudor vs. mentalidad de inversionista

Un deudor dice: "¡Uy, una hipoteca! Es una cadena." Un inversionista dice: "Una hipoteca es una herramienta. Si se usa bien, puede construir un imperio."

La diferencia no está en la letra chica del contrato, esos términos en letras minúsculas también los tienes que entender, pero la verdadera diferencia está en la mentalidad con la que lo firmas dicho contrato.

La deuda hipotecaria, usada con inteligencia, es una de las mejores herramientas para apalancar tu crecimiento. ¿Sabías que puedes comprar una propiedad de $300,000 con menos de $12,000 de entrada usando programas como FHA, CONVENCIONAL o VA en Estados Unidos? Eso no es deuda, eso es estrategia.

Ahora, si prefieres pagar entre $1,800 a $3,000 de renta cada mes solo porque "tener casa es una responsabilidad", entonces estás regalando tu poder financiero al dueño de esa propiedad. Él sí entendió el juego. ¿Y tú? Se la estas pagando cuando le das el dinero de la renta.

¿Y si te dijera que hay hipotecas que te enriquecen? No porque sean mágicas, sino porque están ligadas a activos que generan ingresos. Un buen préstamo hipotecario puede ayudarte a construir libertad si sabes dónde poner el dinero. La pregunta no es: "¿Debo endeudarme?" La pregunta correcta es: "¿Esta deuda me paga o me exprime?"

Las finanzas se construyen desde adentro.

Tus finanzas no se arreglan con más dinero. Se arreglan con mejor mentalidad. Porque si te doy $50,000 mañana, pero sigues pensando como pobre, lo vas a perder en menos de un año. Pero si cambias tu forma de pensar, puedes generar riqueza incluso con poco capital inicial.

Hay algo poderoso en la psicología del inversionista: ellos no ven obstáculos, ven posibilidades. Donde otros ven un terreno baldío, ellos ven un edificio. Donde otros ven una casa vieja, ellos ven un flujo de efectivo renovado.

Los verdaderos millonarios no piensan en "cuánto me cuesta", sino en "cuánto me genera". Esa única pregunta cambia toda la forma de ver el mundo. Cambia tu lenguaje interno: deja de decir "no puedo", y empieza a decir "aún no sé cómo". Eso reprograma tu cerebro, tu actitud y tus decisiones.

En mi podcast semanal de lunes a viernes, los martes tenemos el tema de desarrollo humano, en él abordamos los temas filosóficos de como crecer y ser mejores personas, ahí también junto con mi invitado incógnito Benjamín hemos hablado de la Filosofía práctica de riqueza: el tiempo, la tierra y el legado

Los antiguos sabios decían: "El que controla el tiempo y la tierra, controla el destino". El tiempo es tu disciplina. La tierra es tu inversión. Si gastas el tiempo y malvendes la tierra, no estás construyendo riqueza, estás hipotecando tu futuro.

Mira los ricos del mundo. Todos tienen algo en común: poseen tierra.

Propiedades. Terrenos. Locales. Departamentos. La tierra tiene un valor que no se deprecia con la moda. Es un activo real, tangible, y con el tiempo, casi siempre, aumenta su valor. Por eso digo: si compras tierra hoy, estás comprando futuro. Y si no compras por miedo, el tiempo se encargará de mostrarte lo que perdiste.

En bienes raíces, el tiempo es aliado del paciente. El que compra bien hoy, aunque con miedo, agradece dentro de 10 años. El que espera "el momento perfecto", se queda mirando desde la barrera mientras otros construyen.

Una propiedad comprada bien ubicada no solo sube de valor con el tiempo.

Puede convertirse en un instrumento de poder económico. Puedes apalancarte con ella para obtener líneas de crédito, refinanciar para comprar más propiedades o simplemente vivir de su renta. Esa es la diferencia entre tener un activo o solo acumular gastos.

Tú tienes que desarrollar lo que yo llamo: Psicología del inversionista valiente.

¿Sabías que el cerebro humano está diseñado para evitar el riesgo? Pero también está diseñado para adaptarse. Esa es la diferencia entre el que sobrevive y el que prospera. El inversionista valiente no es el que no siente miedo. Es el que actúa a pesar del miedo. ¡Hazlo con miedo, pero hazlo!

En la psicología financiera moderna hay un principio básico: las decisiones basadas en miedo generan pobreza. Las decisiones basadas en visión generan riqueza. Tú decides desde cuál operar.

Quien no arriesga, no pierde. Pero tampoco gana. Y quien solo vive evitando perder, se condena a la mediocridad.

Hazte esta pregunta: ¿Tus decisiones financieras están basadas en miedo o en visión? Si están basadas en miedo, vas a trabajar toda la vida para alguien más. Si están basadas en visión, puedes construir algo que te dé libertad. Regrésate a cuando eras niño, ¿Recuerdas cómo te gustaba soñar?

Tus papás te decían: No lo hagas, te vas a lastimar, no te subas te vas a caer, no corras te puedes tropezar, no te arriesgues lo puedes perder. Estas "recomendaciones" nuestro cerebro se las llevó tatuadas hasta el día de hoy y psicológicamente aún nos siguen frenando.

Quizá ya te animes a subir, a correr, pero indirectamente no haces lo que deberías porque aún estas marcado, y así sin sentirlo solo miras la vida pasar, poco a poco tus días se agotan, caes en el conformismo y en la mediocridad. La manera de librarte de estos traumas y "recomendaciones" del pasado es que a conciencia reprogrames tu mente y tu manera de pensar.

Aquí te dejo esto que es como una receta que me dieron Benjamín y mi mentor.

Cada uno aportó algo y yo sólo me quedé con lo que me hizo bien.

Guía práctica de reprogramación mental para la abundancia

Haz esto todos los días:

1. Repítete: "Yo soy inversionista. Yo uso el dinero como herramienta, no como excusa."

2. Lee algo que alimente tu mentalidad financiera al despertar.

3. Rodéate de personas que piensan en crecimiento, no en quejarse.

4. Mira propiedades a diario, aunque no compres todavía. Entrena tu mente para ver posibilidades.

5. Aprende a disfrutar hablar de dinero sin culpa. El dinero no es sucio, es una herramienta poderosa.

6. Haz un plan de 120 días con metas financieras claras, reales y con fechas.

Mi mentor me dijo que estas 6 palabras que te voy a dar a continuación me ahorrarían miles de dólares en gastos de visitas al psicólogo y que además me ayudarían a lograr mis metas y mi libertad financiera. Las 6 palabras son: ¡Deja de pensar a lo pendejo!

Historias reales que rompen excusas.

Conocí a una mujer en Dallas Texas. Madre soltera, dos hijos, salario mínimo.

Un día asistió a una conferencia mía y algo le hizo clic. Sacó un crédito FHA con 3.5% de enganche, compró un dúplex, vivió en una unidad y rentó la otra. Cinco años después tiene cuatro propiedades y gana más con rentas que en su empleo. No empezó con dinero. Empezó con una decisión: cambiar su mentalidad.

Y como ella, he visto decenas. Jóvenes sin historial crediticio que arrancaron comprando propiedades de menos de $150,000 con ayuda de familiares o con socios estratégicos. Personas que dejaron de comprarse celulares de $1,200 cada año para guardar el enganche de su primera casa. Turistas permanentes (personas sin estatus migratorio) que por fin entendieron que declarar todos sus ingresos al IRS y no cometer fraude fiscal les ayudaría a tener un poder adquisitivo mayor. Todo es mentalidad.

Otro caso es el de un hombre en Nevada. Perdió su empleo en una fábrica. En lugar de deprimirse, se formó como agente de bienes raíces. Vendió siete casas en su primer año. Con las comisiones, compró su primera propiedad de inversión. Hoy, tiene seis unidades de renta y trabaja desde casa. ¿Su mayor inversión? No fue la casa. Fue la decisión de dejar de verse como víctima.

El cambio no pide permiso. Tu futuro financiero no necesita permiso de tus papás, ni de tu jefe, ni de tu gobierno. Solo necesita una cosa: que tú decidas pensar diferente. ¡Ese es el primer paso hacia tu libertad!

Tampoco necesitas saberlo todo. Solo necesitas creer que puedes aprender. No necesitas ser millonario, necesitas pensar como uno. El primer paso no es firmar un contrato. Es romper el contrato mental con la escasez.

Hazlo hoy. No porque estés listo, sino porque estás harto de estar esperando.

¿Hasta cuando vas a ir por lo tuyo? ¿Hasta cuando vas a cumplir los sueños que tenías de niño? ¿Hasta cuando vas a poder mirar a tus hijos con autoridad moral para decirles que ellos se pueden comer al mundo y que solamente la mente les pondrá limites? Y si tienes la fortuna de estar en pareja, si estas casado, ¿Hasta cuándo le vas a cumplir todas las promesas de novioo que hiciste? ¿Recuerdas que le ofreciste a tu novia que si se casaba contigo le darías el cielo, la luna y las estrellas? ¿Y lo único que le das es vida de ángel? ¡Encuerada y sin tragar! Ya ni la chingas compadre, tú tienes mucho que aportar y muchas razones por las cuales vivir, pero vivir con plenitud.

Creencias limitantes que debemos demoler antes de poner el primer ladrillo.

En muchas comunidades hispanas, hemos heredado frases que son como grafitis en las paredes mentales: "mejor malo conocido que bueno por conocer", "los ricos son malos", "el dinero no crece en los árboles", "si Dios quiere, me irá bien".

Estas frases no son inocentes, son ladrillos mentales que bloquean el paso hacia tu desarrollo financiero.

No digo que no debamos tener fe, digo que la fe sin acción es resignación. Dios quiere, sí, pero tú ¿quieres? ¿Estás dispuesto a romper con décadas de creencias limitantes para construir una nueva forma de ver el dinero, la inversión y tu futuro?

Aquí está la verdad que nadie te dice: si no cambias tu forma de pensar sobre el dinero, te vas a pasar la vida trabajando para alguien que sí lo hizo.

Mini plan de acción: Hipoteca tu mente al éxito

1. **Haz un inventario de tus creencias financieras**. ¿Qué frases te repites? ¿De dónde vienen?

2. **Desafía esas frases** con datos, historias y nuevos modelos de pensamiento.

3. **Escríbelas de una forma diferente.** Por ejemplo: "Los ricos son malos" →"Las personas buenas también pueden ser ricas y ayudar a otros".

4. **Incorpora una nueva frase poderosa diaria.** Repite, por ejemplo: "Invertir con inteligencia es un acto de amor propio".

5. **Conversa con personas que ya están donde tú quieres llegar.** Escucha su forma de hablar. Imita su enfoque.

6. **Toma una acción cada semana que te acerque a pensar como inversionista.**

Aunque sea pequeña. La mente se entrena con práctica.

Ritual diario del inversionista exitoso

Un verdadero inversionista no empieza el día por accidente, lo diseña. Aquí tienes un ritual diario, simple pero poderoso, que entrena tu mente para la abundancia. Me lo compartió mi mentor:

1. **Al despertar, agradece.** El agradecimiento crea enfoque y limpia el miedo.

2. **Declara en voz alta:** "Soy inversionista. Creo valor. Multiplico oportunidades."

3. **Visualiza tu vida con libertad financiera:** No lo que tienes hoy, sino lo que estás construyendo. Siente el resultado como si ya fuera real.

4. **Escribe una meta concreta del día.** No 10. Una. Pero que te acerque a tu visión. Hazla, es

una cosa solamente todos los días.

5. **Dedica al menos 10 minutos a educación financiera.** Un video, un libro, un artículo. Riega tu mente como si fuera una planta.

6. **Habla con propósito.** Hoy evita quejarte, hablar de deudas o repetir frases negativas. Tu boca también firma contratos mentales.

7. **Haz una acción financiera por pequeña que sea.** Llama a un agente. Revisa un crédito. Investiga un vecindario. Ponte en movimiento.

Este ritual no es magia. Es método. Y el método aplicado de forma diaria construye disciplina, visión y finalmente... riqueza. Pero no te quedes solo con la parte de la Ley de la atracción, ve más allá, da el próximo paso...Ejecuta, toma acción, mucha acción.

El jardinero que sembró libertad.

Hace algunos años conocí a Julio, un jardinero de origen salvadoreño en California. Trabajaba seis días a la semana cortando pasto en casas que nunca podría pagar, según él mismo decía. Pero un día, mientras arreglaba el jardín de un inversionista, se atrevió a preguntarle: "¿Cómo hizo usted para comprar tantas propiedades?"

El inversionista le respondió: "La diferencia entre tú y yo es que yo pregunté antes que tú. Ahora, pregúntame otra vez, pero esta vez escucha para cambiar tu vida."

Julio se quedó en silencio. Y al día siguiente, regresó con una libreta. Comenzó a anotar, a estudiar, a leer. En un año juntó dinero, arregló su crédito y compró su primer condominio en las afueras de la ciudad de San Bernardino. A los tres años, ya tenía tres propiedades de renta. Hoy, Julio sigue cuidando jardines, pero no por necesidad: lo hace por pasión. Porque sus rentas ya pagan su libertad.

Esa es la mentalidad que transforma vidas. La que pregunta, la que aprende, la que acciona.

De empleado a inversionista: 5 decisiones que transforman tu vida. Muchos de los grandes inversionistas que conoces no nacieron con dinero.

Nacieron con preguntas. Ten presente que es muy importante preguntar, pero es mucho, pero muchísimo más importante saber a quién preguntas, más importante aún es saber a quién escuchas. Lo que los transformó fue la serie de decisiones que tomaron cuando aún no tenían nada. Si hoy trabajas para otros y sueñas con libertad, estas son cinco decisiones que pueden marcar tu punto de quiebre:

1. **Deja de pensar en sobrevivir y empieza a pensar en construir.** La mayoría trabaja para pagar cuentas. Tú vas a trabajar para financiar tu portafolio de activos.

2. **Deja de comprar estatus y empieza a comprar tiempo.** Menos auto nuevo, más capital para una propiedad que pague tu futuro.

3. **Deja de vender tu tiempo por completo y empieza a comprar ingresos pasivos.** Una propiedad que te deje $300 al mes en renta puede ser la diferencia entre trabajar por presión o por pasión.

4. **Deja de tenerle miedo a la deuda y empieza a entenderla.** La deuda mala te hunde, la deuda buena te impulsa. Aprende a diferenciarlas y úsalas con estrategia.

5. **Deja de hablar como empleado y empieza a hablar como inversionista.** No digas "no puedo", di "¿cómo sí puedo?". El lenguaje moldea tu realidad.

Estas cinco decisiones no son teóricas. Son prácticas. Son las mismas que han aplicado miles de personas que hoy viven de sus inversiones.

- "La pobreza es una programación, no un destino."
- "Una propiedad comprada con miedo vale más que mil excusas bien justificadas."

- "El que piensa como dueño, actúa como estratega."
- "Deja de pagar renta emocional: empieza a construir tu capital mental."
- "Una mente hipotecada a la mediocridad no tiene tasa fija, tiene tasa infinita."
- "Invertir no es para los que tienen, es para los que se atreven."
- "Tu primer activo no es una casa, es tu cabeza."

Visualiza tu riqueza, diseña tu imperio.

Cierra los ojos. Respira profundo. Imagina esto:

Es una mañana cualquiera. Ya no suena una alarma que odias. Te despiertas sin prisa porque tus propiedades ya trabajan por ti. Tomas café mientras revisas los estados de cuenta de tus rentas. Tus hijos te ven más tiempo. Tus decisiones ya no se basan en cuánto cuesta, sino en si te hace crecer.

Miras tu vida y sonríes, no por lo que tienes, sino por lo que construiste. Porque todo empezó cuando hiciste un cambio: pensaste diferente. Visualizaste tu riqueza antes de tenerla. Y ese fue el primer ladrillo de tu imperio.

Ahora, abre los ojos. No dejes que esta imagen se quede en tu mente. Escríbela.

Planéala. Y conviértela en tu nueva realidad.

Todo cambio externo inicia con una transformación interna. Cambiar tu mentalidad no es una frase motivacional, es una estrategia financiera. Porque quien cambia su forma de pensar, cambia su forma de actuar. Y quien cambia su forma de actuar, cambia su realidad económica.

La diferencia entre alguien que vive con miedo y alguien que vive con propiedad literal y figurativamente, está en lo que cree sobre sí mismo. En este capítulo, viste que el juego de los bienes raíces se juega primero en la mente. El que no entrena su pensamiento, está hipotecando su futuro. El que lo afila, construye su patrimonio.

Tú no estás roto. Solo estás mal programado. Y eso se puede cambiar. La mente es la herramienta más poderosa del universo, y en este juego, es tu activo más importante.

Así que haz el compromiso hoy. No con el banco, sino contigo. Empieza a pensar como inversionista, habla como inversionista, actúa como inversionista... y muy pronto, vivirás como inversionista.

Cambia tu mentalidad, cambia tu vida. Compra la primera propiedad... en tu cabeza. Y luego, ve por la siguiente, de concreto, ladrillo y rentas mensuales.

Para muchos es muy importante ser aprobados, no solo por el banco sino también por la sociedad. El sentirse rechazado es casi igual a sentir un paro cardiaco...

Sara Blakely – El miedo al rechazo

Sara tocaba puertas para vender máquinas de fax. Cada "no" le pesaba como una piedra. Pero un día inventó una prenda moldeadora y decidió venderla.

—Eso no va a funcionar —le decían en las tiendas.

Un gran almacén creyó en ella. Hoy, Spanx vale millones.

El rechazo no es un muro, es un filtro. Cada vez que te digan que NO, te acercas a un SI.

El éxito lo encuentras después del miedo:

Nelson Mandela

"No es valiente aquel que no siente miedo, sino el que sabe conquistarlo."

(Sobre su lucha contra el apartheid y su tiempo en prisión.)

CAPÍTULO III

Los Pilares para
Crear Éxito y Riqueza

"La riqueza no se construye con suerte, sino con principios sólidos que resisten cualquier tormenta y cualquier adversidad"

"Un edificio sin cimientos está destinado al colapso. Lo mismo pasa con tu patrimonio si no construyes sobre principios sólidos."

La educación financiera es el nuevo terreno.

Antes de buscar la primera propiedad, necesitas construir un terreno mental firme: la educación financiera. No estoy hablando de saber qué es un Cap Rate o cómo llenar una solicitud de préstamo. Me refiero a algo más profundo: entender cómo funciona el dinero, qué lo multiplica y qué lo destruye.

La mayoría de las personas fueron educadas para trabajar, pero no para invertir.

Te enseñaron a ahorrar, pero no a multiplicar. A temer la deuda, pero no a usarla como palanca. A pensar en estabilidad, no en libertad.

Hay personas que ganan bien, pero siguen en pobreza mental porque todo lo que ganan lo gastan. Como yo les digo: Tienen mentalidad de pobres. Hay quienes ganan poco, pero entienden que el dinero debe trabajar. Esa es la diferencia entre tener un ingreso y tener una estrategia. El que solo gana dinero, es empleado. El que hace que el dinero genere más dinero, es inversionista.

Tres pilares que sostienen cualquier imperio financiero.

1. **Flujo de efectivo positivo.** No compres por emoción. Compra por rentabilidad. Si una

propiedad te deja más dinero del que consume cada mes, esa propiedad es un activo. Si no, es un problema disfrazado de logro. Un buen inversionista se obsesiona con el flujo de efectivo, porque sabe que ese es el oxígeno de su libertad financiera.

2. **Apalancamiento inteligente** Usar el dinero de otros OPM (bancos, socios, programas) para comprar activos que se pagan solos no es riesgo, es estrategia. El secreto está en saber cómo, cuándo y con qué tipo de deuda. Una hipoteca no es tu enemiga; es tu aliada si la propiedad genera más de lo que cuesta mantenerla.

3. **Reinversión disciplinada** No te emociones con el primer cheque. El verdadero juego comienza cuando reinviertes lo que ganas para multiplicar tu portafolio. Es aquí donde muchos se frenan: quieren disfrutar antes de construir. Pero el verdadero inversionista no gasta su primer millón. Lo reinvierte y convierte en cinco.

¿Conoces a alguien que dice que no le alcanza el dinero para vivir?, le sobra más mes que quincena, luego escuchas que le dieron un aumento de sueldo, pero sigue sin alcanzarle el dinero que gana. Lo que pasa es que estas personas tienen arraigado profundamente la mentalidad de pobre, no saben cómo reaccionar cuando tienen dinero extra y buscan gastarlo en diversiones, autos, deudas de tarjetas de crédito etc. Con tal de seguir sintiendo que el dinero no les ajusta, como dice mi mamá: Les entra un rio de dinero, pero les sale un mar.

El poder de las matemáticas simples.

No necesitas ser un economista ni tampoco un asesor financiero para invertir en bienes raíces. Necesitas dominar cálculos básicos que te digan si un negocio es rentable. Las matemáticas de la riqueza son simples, pero no perdonan errores.

- Ingreso mensual - Gastos operativos = Flujo Neto mensual.
- Valor de la propiedad / Renta mensual = Relación costo-beneficio (cuánto pagas por cada dólar que genera).
- Cash-on-Cash Return = Ganancia neta anual / Inversión inicial.

Ejemplo: Si inviertes $25,000 en una propiedad y al año te deja $3,500 netos, tu retorno en efectivo es del 14%. ¿Dónde más te pagan eso? Ni el banco, ni el fondo de retiro, ni el colchón de tu abuela.

Criterios bancarios que los inversionistas inteligentes dominan.

Los bancos no te prestan por lo simpático que eres. Te prestan por tu perfil financiero. Y si entiendes las reglas del juego, juegas mejor:

- **Relación deuda-ingreso:** El banco quiere saber cuánto debes en comparación a cuánto ganas. Mientras menor sea tu deuda, más prestan.
- **Puntaje crediticio (FICO):** Afecta el interés y la aprobación. Cuida tu historial de crédito de la misma manera que cuidas a tus hijos.
- **Loan-to-Value (LTV):** Porcentaje que el banco te presta del valor de la propiedad. Usualmente 80%, pero con programas especiales puede ser más.
- **DSCR (Debt Service Coverage Ratio):** Si compras como persona, empresa o LLC, los bancos evalúan si la propiedad genera lo suficiente para pagar su propia deuda.

Saber estos principios no solo te hace más preparado, te hace más poderoso al sentarte frente a cualquier institución financiera.

Estrategias para encontrar oportunidades reales.

No todo lo que está a la venta es una buena oportunidad. Debes entrenar el ojo para detectar:

- Propiedades mal administradas, pero con buen potencial (rentas bajas, mantenimiento descuidado).
- Zonas que están por desarrollarse (infraestructura pública, crecimiento poblacional, llegada de empresas, universidades, hospitales).

- Dueños motivados por divorcio, herencia, migración o cansancio administrativo.
- Propiedades fuera del mercado (off market), encontradas a través de relaciones, referidos, agentes o networking local.

Recuerda: el que encuentra primero, gana. Pero solo gana el que sabe qué está buscando.

Cómo se construye un portafolio desde cero.

1. **Empieza con propiedad pequeña pero estratégica.** Puede ser un dúplex o una casa en una zona de alta demanda.

2. **Usa programas con bajo enganche (FHA, VA, CONVENCIONAL, USDA).**

O busca socios si tu crédito no te acompaña.

3. **Haz house hacking si es posible:** vive en una parte, renta la otra.

4. **Refinancia o tramita un HELOC tras aumentar valor y capital.** Usa ese capital para comprar la siguiente.

5. **Repite el ciclo.** No necesitas hacer todo de golpe. Solo necesitas no detenerte.

Deja que el dinero trabaje mientras tú duermes.

Robert Kiyosaki dice que el rico no trabaja por dinero. Hace que el dinero trabaje para él. Y eso no es teoría. Es práctica. La renta que entra mientras tú estás con tu familia o viajando, no es suerte. Es estrategia. Pero esa estrategia nace de tomar decisiones basadas en principios reales, no en emociones.

Tres errores que frenan el crecimiento.

1. **Invertir sin números claros.** Si no hiciste cuentas, lo que tienes es una corazonada, no un negocio.

2. **Quedarte con una sola propiedad.** Una propiedad no es libertad. Es el inicio del camino.

3. **No rodearte de expertos.** El inversionista que quiere hacerlo todo solo, avanza lento y se tropieza más.

Acciones concretas para esta semana, esta será tu tarea:

1. Estudia tres conceptos financieros: flujo de efectivo, amortización y retorno neto.

2. Analiza al menos una propiedad real de tu ciudad usando las fórmulas vistas.

3. Agenda una cita con un agente de préstamos hipotecario y hazle todas tus preguntas.

4. Únete a un grupo local de inversionistas o networking inmobiliario.

Fórmulas financieras clave para inversionistas serios. Dilución de capital para expansión (estrategia avanzada):

Esta fórmula no se trata de números exactos, sino de estrategia inteligente: cómo liberar capital de una propiedad ya existente para seguir creciendo sin tener que ahorrar desde cero otra vez.

Ejemplo práctico: Tienes una propiedad comprada en $300,000. Con el tiempo, su valor sube a $370,000 y tu deuda actual es de $140,000. Eso significa que tienes $230,000 de capital propio en esa propiedad.

Ahora puedes aplicar para un cash-out refinance (refinanciamiento con retiro de efectivo) o también la que más me gusta en lo personal: HELOC (Home Equity Line of Credit) El banco podría prestarte, por ejemplo, hasta el 75% del valor actual:

- 75% de $370,000 = $277,500
- Tu deuda es de $140,000, por lo que puedes retirar $137,500

Ese dinero lo usas para el enganche de otra propiedad. No vendiste. No ahorraste durante años. Solo **diluiste parte del capital acumulado para acelerar tu expansión.**

Lección clave: Si esperas tener todo el dinero desde cero para cada compra, vas a tardar años. Pero si aprendes a reciclar tu capital, puedes duplicar o triplicar tu portafolio en menos tiempo. Esta es una de las claves silenciosas de los grandes inversionistas.

Fórmulas financieras clave para inversionistas serios

Vamos a desglosar cada fórmula con ejemplos reales, simples y a mi estilo, para que no se queden en teoría. La idea es que cada fórmula sea una herramienta práctica que puedas aplicar esta misma semana.

1. Cap Rate (Tasa de Capitalización):

Cap Rate = (Ingreso Neto Operativo / Valor de la Propiedad) x 100

Ejemplo con multifamiliar comercial (40 unidades): Supón que compras un edificio de apartamentos con 40 unidades. Cada unidad se renta en promedio a $1,200 al mes, lo que genera:

- Ingreso bruto mensual: 40 x $1,200 = $48,000
- Ingreso bruto anual: $48,000 x 12 = $576,000

Restamos los gastos operativos anuales (mantenimiento, administración, seguros, impuestos): $248,200

- Ingreso Neto Operativo (NOI): $576,000 - $248,200 = $327,800
- Precio de compra del edificio: $4,500,000
- Cap Rate = ($327,800 / $4,500,000) x 100 = 7.28%

Este cap rate muestra la rentabilidad bruta de la propiedad, antes de considerar financiamiento.

2. ROI Anual Promedio (Return on Investment):

Ahora, si financias la propiedad con un préstamo del 75% a 30 años (tasa del 6.5%), tendrás:

- Enganche (25%): $1,125,000
- Préstamo: $3,375,000
- Cuota mensual aproximada: $21,337
- Cuota anual: $256,044
- Restando también la hipoteca, calculamos:
- Gastos operativos mensuales: $248,200 / 12 = $20,683
- Flujo mensual neto: $48,000 - $20,683 - $21,337 = $5,980
- Flujo anual neto: $5,980 x 12 = $71,760

Ahora calculamos el rendimiento real sobre tu capital invertido:

- Cash-on-Cash Return = ($71,760 / $1,125,000) x 100 = 6.38%

Pero ¿Qué pasa si las rentas aumentan cada año? A continuación, lo proyectamos con un crecimiento del 5% anual, manteniendo el mismo préstamo:

Proyección con aumento del 5% anual en rentas:

Año 2:

- Renta mensual: $50,400
- Ingreso anual: $604,800

- Gastos operativos (ajustados al 3%): $255,646
- Flujo anual neto: $604,800 - $255,646 - $256,044 = $93,110
- **Cash-on-Cash Return:** ($93,110 / $1,125,000) x 100 = 8.27%

Año 3:

- Renta mensual: $52,920
- Ingreso anual: $635,040
- Gastos operativos: $263,315
- Flujo neto: $635,040 - $263,315 - $256,044 = $115,681
- **Cash-on-Cash Return:** ($115,681 / $1,125,000) x 100 = 10.28%

Como ves, el cap rate te da una primera impresión de la rentabilidad del activo, pero cuando tomas en cuenta el apalancamiento, el crecimiento proyectado y el flujo neto, el cash-on-cash return se convierte en tu verdadero termómetro de decisión.

Así es como se mira una inversión desde los ojos del inversionista estratégico.

Una alternativa práctica y sencilla es el ROI Anual Promedio. Esta fórmula te permite conocer, de forma simple, cuánto rendimiento anual genera tu inversión sin necesidad de usar hojas de cálculo avanzadas.

Fórmula: ROI Anual Promedio = (Ganancia Total

/ Inversión Inicial) ÷ Número de Años

Ejemplo práctico: Inversión inicial: $200,000

Ingresos netos por renta: $18,000 anuales divididos entre $200,000 te arroja un ROI del 9% anual. Si la propiedad tiene un valor en el mercado de $600,000 al momento de la compra y dicha propiedad sube 5% anual de plusvalía entonces las matemáticas y el ROI se miran así:

$600,000 x 5% = $30,000

$30,000 + $18,000 en rentas anuales = $48,000 total entre rentas y plusvalía por el primer año.

$48,000 divididos entre $200,000 inversión inicial = ¡24% de ganancia combinada!

Este número te muestra de forma clara y directa el rendimiento promedio anual de tu inversión, considerando flujo de efectivo y apreciación del inmueble. Es perfecto para comparar con otros vehículos como fondos, bancos o incluso negocios propios.

Este número te ayuda a saber si ese rendimiento es mejor que dejar tu dinero en el banco o en otro vehículo financiero. No necesitas una computadora para entender la lógica detrás de este análisis, solo comparar lo que inviertes con lo que recibes cada año y proyectarlo en el tiempo. Si el proyecto supera otras alternativas como inversiones bancarias, fondos indexados u otras propiedades, si esa inversión supera lo que te daría el banco o cualquier otro vehículo financiero, si ese 24% es mejor que dejar tu dinero en un fondo o en otra propiedad con menor retorno, a lo largo del tiempo, considerando reinversión y valorización. Se usa en proyecciones más sofisticadas. Es ideal para comparar proyectos similares con distintos flujos.

3.- Amortización de hipoteca:

Una porción de cada pago mensual reduce la deuda, mientras la otra paga intereses. La fórmula completa varía, pero puedes estimar tu cuota mensual con:

Ejemplo sencillo: P = $200,000 (préstamo) al (6% de interés anual) y amortizado en 360 pagos (30 años)

Resultado aproximado: Cuota mensual = **$1,199**

Al inicio, casi todo es interés. Después de unos años más, parte del pago va reduciendo la deuda. Conocer esto te prepara para planear mejor tus refinanciamientos.

A continuación, los **primeros 12 meses** de la tabla de amortización:

Mes Cuota Mensual Pago a Interés Pago a Capital Saldo Restante

Si te das cuenta le vas "abonando" $1.00 cada mes al principal, por eso duras 30 años en pagarle al

Mes	Cuota Mensual	Pago a Interés	Pago a Capital	Saldo Restante
1	$1,199.10	$1,000.00	$199.10	$199,800.90
2	$1,199.10	$999.00	$200.10	$199,600.80
3	$1,199.10	$997.99	$201.11	$199,399.69
4	$1,199.10	$996.99	$202.11	$199,197.58
5	$1,199.10	$995.99	$203.11	$198,994.47
6	$1,199.10	$994.97	$204.13	$198,790.34
7	$1,199.10	$993.95	$205.15	$198,585.19
8	$1,199.10	$992.93	$206.17	$198,379.02
9	$1,199.10	$991.90	$207.20	$198,171.82
10	$1,199.10	$990.86	$208.24	$197,963.58
11	$1,199.10	$989.82	$209.28	$197,754.30
12	$1,199.10	$988.77	$210.33	$197,543.97

banco toda la deuda.

4.- Relación Ingreso-Alquiler (Rent-to-Income Ratio):

Para protegerte de tu inquilino... Una buena práctica es que el alquiler mensual no supere el 30% del ingreso del inquilino. Como inversionista, esto te ayuda a evaluar la solvencia del arrendatario.

Ejemplo práctico: Si tu inquilino gana $4,000 al mes, su renta ideal no debería superar $1,200. Si le cobras $1,800, aunque firme el contrato, es probable que se atrase.

La relación deuda-ingresos te ayuda a mantener una cartera sana de inquilinos y menos estrés financiero.

5.- Velocidad del dinero (Velocity of money):

Cuánto tiempo tarda una inversión en retornar el capital y volver a ser reinvertida. Entre más rápido el ciclo, mayor el potencial de crecimiento. Se relaciona con estrategias como BRRRR: Comprar, Remodelar, Rentar, Refinanciar, Repetir.

Ejemplo aplicado: Compras una casa en $180,000, la remodelas por $20,000 y la rentas por $2,000 al mes. Después de las reparaciones ahora la propiedad tiene un valor en el mercado de $230,000. En un año, refinancias o sacas un HELOC y recuperas los $200,000 invertidos. Esa misma cantidad ahora la usas para comprar la siguiente propiedad.

El dinero dio la vuelta en un año y ahora está trabajando por segunda vez. Esa es la magia de la velocidad del dinero.

El barbero que entendió el valor de un local.

Juan tenía 35 años, se hizo ciudadano y ahora le digo John... Cortaba cabello en un barrio popular de Chicago. Tenía talento, clientes fieles, y una agenda llena... pero no tenía control sobre su renta. Cada año el dueño del local le subía el precio, y John vivía con miedo de ser desalojado y perder todo su esfuerzo.

Un día, uno de sus clientes habituales, un inversionista, le preguntó:

—¿Por qué no compras un local? John se rió.

--- "¿Yo? ¡Si apenas me alcanza para pagar la renta!"

Pero esa conversación le quedó dando vueltas. Se puso a investigar, se educó, y se dio cuenta de algo poderoso: estaba construyendo el negocio de su vida en una propiedad que no era suya.

Juntó sus ahorros, pidió ayuda a su hermano para completar el enganche, y encontró un pequeño local en venta por $130,000. Con una hipoteca comercial a 20 años y una tasa del 7%, pagaba $1,010 al mes... menos de lo que pagaba en renta antes.

Dos años después, el local se revalorizó. John usó su historial de ingresos para refinanciar con mejores condiciones. Pero aquí viene lo mejor: el local tenía espacio para un segundo negocio, así que lo acondicionó y lo rentó a una mujer que ponía pestañas por $600 al mes. Lo que es la vida, él le quitaba pelo a sus clientes y su inquilina se los ponía a los suyos. Negocio redondo.

Ahora John no solo era barbero. Era propietario. Su negocio crecía, su renta estaba bajo control, y tenía un flujo mensual adicional. Había aplicado sin saberlo:

- Cap Rate para evaluar la compra.
- Amortización para planear pagos.
- Cash-on-Cash Return para medir su ganancia real.

Hoy John ya no le teme al futuro. Entendió que ser dueño del lugar donde operas no es lujo, es estrategia. Y ese es un mensaje poderoso para miles de emprendedores que siguen pagando renta a otros.

Tú también puedes cortar con el miedo y construir con propiedad. Cómo evaluar una propiedad paso a paso:

Esta es una guía rápida que puedes usar cada vez que analices una posible inversión. Tenla impresa, guárdala en tu celular, úsala en cada visita. Una decisión con números es mejor que mil corazonadas.

1.- Evalúa el precio por metro cuadrado (comparativo):

- Compara con otras propiedades similares en la zona.
- Si el precio por metro cuadrado está por debajo del promedio, puede ser una oportunidad.

2.- Calcula el flujo de efectivo neto:

- Renta mensual proyectada - gastos mensuales = flujo neto.
- Si el número es negativo, no inviertas. Si es positivo, sigue analizando.

3.- Aplica y calcula el ROI:

- Divide el ingreso neto anual entre el precio total de inversión.
- Ideal: entre 6% y 10% si es más alto, mejor, dependiendo del riesgo y la zona.

4.- Verifica la plusvalía histórica de la zona:

- ¿Han subido los precios en los últimos 5 años?
- ¿Hay proyectos de infraestructura cerca? (parques, transporte, escuelas)

5.- Evalúa el mercado de inquilinos:

- ¿Qué tipo de personas viven en esa zona?
- ¿Qué demanda hay por rentas?
- Visita tiendas locales, habla con vecinos y agentes.

6.- Determina tu estrategia de salida:

- ¿La venderás en 5 años? ¿La dejarás para renta a largo plazo?
- Toda buena inversión tiene un plan de salida claro desde el inicio.

El que no hizo los números.

Carlos compró su primera propiedad de inversión sin evaluar gastos de mantenimiento ni impuestos. Se dejó llevar porque el precio era "una ganga". Rentó la casa en $1,000, pero pagaba $950 entre hipoteca, seguros y reparaciones frecuentes.

Ganaba solo $50 al mes, y en dos ocasiones tuvo que cubrir gastos grandes que lo dejaron en negativo.

Después de un año, entendió que no todo lo

barato es rentable. Vendió, volvió a estudiar y compró mejor. Ya no compra nada sin hacer números.

Comprar sin análisis es como construir sin planos.

Preguntas frecuentes que debes hacerte antes de comprar

1. ¿Qué ganancia mínima mensual quiero por propiedad?

Define tu estándar. Algunos inversionistas no compran nada que no les deje como mínimo $300 mensuales netos o un ROI mayor al 6%.

2. ¿Podría seguir pagando esta hipoteca si el inquilino se atrasa dos meses?

Ten un fondo de reserva. La libertad financiera se construye con responsabilidad.

3. ¿Estoy comprando una propiedad o estoy comprando flujo?

No compres por emoción, compra por retorno.

4. ¿La ubicación me permite revender o refinanciar fácilmente en el futuro?

Ubicación no es una moda. Es tu seguro de liquidez.

5. ¿Estoy preparado para ser dueño, no solo comprador?

Ser dueño implica reparaciones, relaciones con inquilinos y toma de decisiones. Asegúrate de estar listo.

Comparativa: tipos de propiedades y su potencial de inversión

Tipo de propiedad	Pros	Contras	Ideal para
Casa unifamiliar	Fácil de revender, alta demanda de alquiler	Menor flujo de efectivo comparado con multifamiliares	Gestión diaria, regulaciones locales
Duplex / Triplex / Fourplex	Más flujo por unidad, puedes vivir y rentar	Mayor gestión, más mantenimiento	Inversionistas nuevos
Propiedad comercial pequeña	Contratos largos, potencial de alto ingreso	Mayor inversión inicial, riesgo de vacancia	Inversionistas que buscan crecer
Airbnb / Renta corta	Ingresos altos en zonas turísticas		Inversionistas con experiencia
			Quienes desean ingreso activo y escalable

Este tipo de comparativas te ayuda a decidir en función de tu tiempo, tu capital y tu tolerancia al riesgo. No todas las propiedades son iguales, pero todas pueden usarse para construir riqueza si eliges con estrategia.

Elon Musk – El miedo a perderlo todo

En 2008, SpaceX había fallado tres veces y Tesla estaba quebrando. Musk tenía dos opciones: salvar una empresa o arriesgarlo todo en ambas. Eligió lo segundo.

Hoy, SpaceX y Tesla son líderes en sus industrias.

Mensaje para ti: A veces, la jugada más arriesgada es la única que te salva.

Las bases de tu imperio no se construyen con dinero, sino con educación, estrategia y decisión. Esta es la parte que muchos saltan... y luego se derrumban. Tú no vas a construir sobre arena. Tú vas a construir sobre concreto financiero. ¡Y eso comienza hoy!

El conocimiento que hoy tienes ya te hace diferente al 90% del mundo que nunca invierte. Pero no basta con saber. Hay que actuar. Este capítulo fue tu manual de planos. El próximo, será tu mapa del tesoro.

Prepárate, porque en el próximo capítulo, vamos a encontrar verdaderas oportunidades en el terreno. Ahora sí, empieza el juego inmobiliario real.

La libertad financiera no se construye con suerte. Se construye con estrategia, números, y acción diaria.

Si el conocimiento es poder, entonces la ejecución es riqueza. Sal y pon en práctica lo que acabas de aprender.

El éxito lo encuentras después del miedo:

Eleanor Roosevelt

"Ganas fuerza, valor y confianza con cada experiencia en la que realmente te detienes a mirar el miedo de frente."

CAPÍTULO IV

Cómo Encontrar Inversiones Ganadoras

"El secreto no está en tener dinero, sino en ver lo que los demás no ven."

Encontrar oportunidades rentables en bienes raíces no es cuestión de suerte ni de magia; es una *habilidad* que se desarrolla con la mentalidad correcta, las herramientas adecuadas y mucha, pero mucha perseverancia. **El que busca, encuentra**, y en el mundo inmobiliario esta verdad se magnifica. Las gangas existen, pero solo las descubre quien está dispuesto a investigar más allá de la superficie. En este capítulo aprenderás cómo afinar tu percepción para ver lo que otros pasan por alto, combinando elementos filosóficos, financieros, psicológicos y prácticos para identificar verdaderas joyas inmobiliarias.

Te invito a que te conviertas en un *cazador de oportunidades* incansable. Veremos estrategias concretas, 100% legales y replicables, que cualquier persona (incluyéndote a ti) puede aplicar sin necesidad de privilegios ni trucos escondidos. Te compartiré ejemplos reales y casos prácticos en cada sección, para que visualices exactamente cómo otros inversionistas han aplicado estos métodos con éxito.

Prepárate, porque estás a punto de descubrir que las oportunidades inmobiliarias rentables sí están a tu alcance – solo necesitas saber dónde y cómo buscarlas.

La Mentalidad del Cazador de Oportunidades

Todas las grandes hazañas inmobiliarias comienzan en la mente. Antes de hallar esa propiedad ideal, debes creer que las oportunidades abundan y que tú eres capaz de encontrarlas. Adoptar la mentalidad de un *cazador de oportunidades* significa ver posibilidades donde otros solo ven problemas.

Por ejemplo, dos personas pueden pasar frente a la misma casa deteriorada: una ve una molestia en el vecindario, la otra ve un diamante en bruto esperando ser pulido.

¿La diferencia? La visión y la actitud. Tienes que plantarte en el universo de la abundancia y el progreso, muchos solo miran problemas y están sembrados en el universo de las carencias.

Esta mentalidad combina optimismo con realismo. No se trata de fantasear con "hacerse rico de la noche a la mañana", sino de comprender que incluso en mercados competitivos siempre surgen ocasiones para quien está preparado. Debes estar dispuesto a <u>aprender continuamente</u> y a persistir aun cuando las primeras ofertas no prosperen. Cada "no" que recibes te acerca más a un "sí" si analizas qué mejorar.

Cuando encaras el mercado con curiosidad, determinación y ética, conviertes cada búsqueda en una lección. Así, lo que otros llaman suerte no es más que la intersección de tu preparación con la oportunidad.

Recuerdo cuando trabajaba en la oficina bancaria de préstamos hipotecarios, el dueño del banco me dijo que para que un cliente me dijera que sí quería un préstamo tendría yo que tener la siguiente formula: Hacer 100 llamadas al día de los cuales 10 me mostrarían interés, 3 vendrían a mi oficina con una cita y 1 iba a cerrar. La proporción es 100 llamadas a 1 cierre, en otras palabras 99 de esas 100 llamadas me dirían que no. Mientras mi compañero se frustraba y se molestaba cada vez que le colgaban el teléfono o le decían que no, yo estaba feliz que me dieran ese no contundente, las iba anotando porque sabía que el sí estaba cada vez más cerca.

Es cuestión de perspectiva y de enfoque.

Una mentalidad fuerte también te ayuda a manejar el aspecto psicológico de la inversión: vencer el miedo al fracaso, la indecisión o el síndrome del impostor ("¿quién soy yo para encontrar el gran trato?"). Recuerda que incluso los inversores más exitosos empezaron cerrando su primer trato en algún momento; la única diferencia es que ellos no se rindieron ante las primeras dificultades. Tú tampoco lo harás. Con esta actitud de cazador incansable, pasemos a las herramientas y estrategias concretas que convertirán esa mentalidad en resultados tangibles.

Conocimiento del Mercado y Finanzas en Orden:

Antes de salir a buscar activamente, necesitas dos cosas bien afiladas: tu conocimiento del mercado y tus herramientas financieras listas. Conocer tu mercado implica saber qué área te interesa (ciudad, vecindario) y qué caracteriza una oportunidad rentable allí. ¿Precios promedio de venta? ¿Rentas típicas? ¿Zonas en crecimiento? Investiga las últimas transacciones en la zona que te interesa, asiste a seminarios locales y mantente al día con noticias inmobiliarias. Mientras más informado estés, más fácil será detectar una propiedad subvalorada o con alto potencial de revalorización.

Por ejemplo, si sabes que en cierto barrio las casas similares se venden en promedio en $300,000 y encuentras una listada en $250,000, tus antenas se activarán de inmediato. Sin ese contexto, la oferta podría pasar desapercibida. Conocer el mercado también incluye entender qué tipo de propiedades rentan mejor (casas familiares, condominios, dúplex) y cuáles son las necesidades de la demanda local.

En paralelo, prepárate financieramente. Esto significa tener tus finanzas personales organizadas y saber con cuánto capital cuentas para invertir. Si vas a necesitar financiamiento bancario, considera obtener una precalificación o carta de preaprobación de crédito; esto no solo te dará claridad de tu presupuesto máximo, sino que te hará un comprador más confiable ante los vendedores.

Si piensas trabajar con socios o inversionistas privados, ten listas esas alianzas y acuerdos de antemano, tenlo todo bajo contrato, recuerda que por muy amigos o familiares que sean el dinero cambia a las personas y estamos en un país de demandas... papelito habla, consigue un abogado que haga tus contratos con los socios y que todos estén protegidos legalmente. La velocidad es clave cuando aparece una ganga, y no querrás perderla por trámites financieros o estructuras de sociedad a medias de última hora.

También define tus criterios de rentabilidad desde el inicio. ¿Buscas flujo de caja mensual positivo mediante rentas? ¿O buscas plusvalía rápida comprando barato, remodelando y vendiendo (fix and flip)? Establece métricas sencillas: por ejemplo, si es para renta, que la renta anual menos gastos represente al menos un 6-8% del precio de compra (un indicador parecido al *ROI*). Si es para revender, quizás buscas al menos un 25% o 30% de ganancia sobre el total invertido. Tener claros estos números te permitirá filtrar oportunidades rápidamente.

En resumen, conocimiento + preparación financiera = estar listo para cazar cuando la oportunidad aparezca.

Herramientas Digitales: Donde Buscar Ofertas en Línea:

Vivimos en la era digital, y el sector inmobiliario no es la excepción. Hoy prácticamente todos los compradores de vivienda usan Internet en algún punto para buscar casa, y más de la mitad terminan comprando la vivienda que encontraron en línea ipropertymanagement.com. Esto significa que tú también debes dominar las plataformas digitales de bienes raíces para no quedarte atrás. A continuación, te presento las principales herramientas en línea confiables donde puedes encontrar propiedades en venta, desde casas hasta edificios comerciales, junto con datos que respaldan su efectividad:

- **Zillow** – Es la plataforma inmobiliaria en línea más popular de Estados Unidos. Zillow cuenta con información de más de 160 millones de propiedades y un inmenso tráfico diario. Cerca del **70% de los compradores de vivienda buscan propiedades en Zillow** ipropertymanagement.com, y su base de datos es gigantesca (más de 160 millones de hogares registrados) ipropertymanagement.com. Puedes aprovechar filtros para hallar oportunidades, por ejemplo, buscando casas con reducciones de precio recientes, propiedades en foreclosure (ejecución hipotecaria) o listados por dueños (*For Sale By Owner*). *Ejemplo:* Un inversionista novato en Florida configuró alertas en Zillow para enterarse de bajadas de precio en su zona; así descubrió una casa cuyo precio se redujo 15% por un vendedor apurado. Fue el primero en hacer una oferta y cerró la compra muy por debajo del valor de mercado. Meses después, tras algunas mejoras, revendió esa propiedad obteniendo un excelente retorno.

- **Redfin** – Un portal que funciona también como agencia de bienes raíces con descuentos en comisiones. Redfin muestra listados actualizados directamente del MLS en muchas ciudades y ofrece datos útiles (como estimaciones de valor e historial de días en el mercado). Su interfaz amigable y su aplicación móvil te permiten buscar con facilidad. Redfin atrae a unos **50 millones de usuarios al mes** investors.redfin.com, lo que la convierte en otra fuente clave para encontrar propiedades disponibles. Una ventaja de Redfin es que indica cuándo una propiedad está "Hot Home" (casa caliente) por alta demanda, lo cual te avisa que debes actuar rápido si te interesa. Además, su función de tour virtual y programar visitas con agentes te ayuda a evaluar oportunidades desde casa.

- **Realtor.com** – Este es el sitio oficial asociado a la Asociación Nacional de Realtors (NAR) y toma sus datos directamente del MLS, lo que garantiza información muy actualizada sobre listados. Realtor.com reportó alrededor de **66 millones de usuarios únicos mensuales** a finales de 2023 <u>onlinemarketplaces.com</u>, reflejando cuántas personas lo utilizan en la búsqueda de vivienda. Aquí podrás encontrar prácticamente todo lo que esté listado por agentes inmobiliarios profesionales. Una buena práctica es comparar listados entre Realtor.com y Zillow/Redfin, ya que a veces una propiedad nueva aparece primero en Realtor.com (por estar conectada al MLS) antes de verse en otros sitios. Al usar esta plataforma, fíjate en las estadísticas que brinda, como precios de propiedades similares en la zona (*comparables*) y herramientas de cálculo de hipoteca, para analizar rápidamente si la oportunidad encaja en tus criterios.

- **LoopNet** – Si tu interés son propiedades comerciales o de inversión más grandes (edificios de apartamentos, locales comerciales, bodegas, terrenos para desarrollo), LoopNet es el rey de las plataformas en línea en ese rubro. Es la página más visitada por inversionistas y corredores comerciales, con un promedio de **11 millones de visitantes únicos mensuales** costargroup.com. Según datos de su empresa matriz, alrededor del 88% de los posibles inquilinos e inversionistas comerciales comienzan su búsqueda de propiedades en línea costargroup.com, lo que hace a LoopNet indispensable para acceder a esas oportunidades. En LoopNet encontrarás desde pequeños edificios de cuatro unidades hasta rascacielos en venta. Puedes filtrar por tipo de inmueble (ej. *multifamiliar*, *retail*, *industrial*), por cap rate deseado, tamaño, etc. *Ejemplo:* Un pequeño inversionista en Texas quería iniciarse comprando un edificio de cuatro apartamentos. Buscó en LoopNet y encontró un multifamiliar de 8 unidades en una ciudad cercana cuyo dueño llevaba tiempo intentando vender. Como el anuncio tenía fotos poco atractivas y llevaba meses online, pocos habían mostrado interés. Este inversionista olfateó la oportunidad, investigó los números de renta y se dio cuenta de que con algunas mejoras podría subir los alquileres. Negoció un precio favorable con el propietario cansado de esperar y adquirió el edificio, logrando desde el primer mes un flujo de caja positivo y plusvalía inmediata por la renta mejorada.

- **PropStream** – A diferencia de las anteriores, PropStream no es un portal de anuncios públicos, sino una herramienta profesional de búsqueda de oportunidades *off-market*. *Off-market* significa propiedades **no listadas** oficialmente a la venta, pero cuyos dueños podrían estar motivados a vender (por ejemplo, propietarios morosos en impuestos, en pre-ejecución hipotecaria, herencias, etc.). PropStream recopila una enorme cantidad de datos públicos y privados más de **155 millones de propiedades en todo EE.UU.** en su base propstream.com – y te permite filtrar por decenas de criterios para armar listas de posibles ofertas escondidas. Esta plataforma es utilizada por miles de inversionistas y agentes especializados para encontrar casas antes de que salgan al mercado. Por ejemplo, puedes identificar viviendas con propietarios que tienen deudas atrasadas o propiedades vacías; luego, con esa lista, contactar directamente a esos dueños para ofrecer comprar. *Ejemplo:* Un inversor en Nevada usó PropStream para filtrar todas las casas de su ciudad cuyos dueños vivían fuera del estado (posibles *absentee owners*) y que tuvieran la hipoteca casi pagada (lo que indicaba alta plusvalía). Encontró una casa heredada, vacía y deteriorada, cuyos dueños (que vivían en otro estado) estaban dispuestos a venderla rápido. Negoció directamente con ellos y adquirió la propiedad a un precio de oportunidad, sin competencia, porque la encontró antes de que llegara al mercado.

Búsqueda Creativa y Oportunidades Fuera del Mercado:

No todas las gangas aparecen publicadas en internet. Muchas de las mejores oportunidades off-market (fuera del mercado) se consiguen con métodos creativos a pie de calle y aprovechando información pública. Una estrategia clásica es *"driving for dollars"*, que consiste en manejar por los vecindarios de tu interés buscando señales de posible venta o propiedades descuidadas. Fíjate en casas con letreros de "Se Vende por Dueño" (For Sale By Owner) o inmuebles con pasto crecido, ventanas tapiadas o aspecto abandonado, podrían indicar un dueño poco atento o una vivienda vacante. Anota esas direcciones. Luego, puedes tocar la puerta y hablar directamente con el propietario si vive allí, o enviarle una carta amistosa expresando tu interés en comprar. Muchos inversionistas han obtenido su mejor trato simplemente por atreverse a tocar esa puerta olvidada que todos pasaban de largo.

Otra táctica replicable es revisar los anuncios clasificados locales y grupos comunitarios.

Plataformas como Craigslist, Facebook Marketplace o periódicos locales a veces listan propiedades en venta directa por sus dueños. Aunque no tengan el alcance de Zillow o Realtor, quienes los usan suelen estar muy motivados a vender (porque quizá quieren ahorrarse la comisión de un agente o necesitan liquidez rápida). Ser de los pocos compradores atentos a estos canales te da ventaja.

Además, investiga las subastas de propiedades en tu área. En Estados Unidos, cada condado suele realizar subastas de casas embargadas por impuestos o ejecutadas por falta de pago hipotecario. Participar en subastas requiere precaución (a menudo debes pagar en efectivo de forma casi inmediata si ganas, y las propiedades se compran "como están", sin inspección previa), pero las recompensas pueden ser altas. Por ejemplo, un pequeño empresario en California asistía regularmente a subastas judiciales; en una ocasión logró adquirir una casa embargada por el 60% de su valor de mercado porque casi no tuvo competencia en la subasta.

Tras invertir en reparaciones, la revendió generando una ganancia sustancial.

Estas oportunidades existen en muchos lugares – infórmate en la oficina de tu condado sobre fechas de subastas y requisitos, y asiste, aunque sea como observador al principio para aprender el proceso.

En este tipo de compra o inversión que son las subastas, debes tener mucho conocimiento antes de poner tu oferta. No solo compras las propiedades tal y como están, sino que también las compras con las deudas que tienen. Estas deudas puedes ser de hipotecas no cubiertas a la hora de la subasta, balances no pagados en las utilidades, impuestos de la propiedad, deudas con la asociación (HOA), etc.

No te vaya a pasar lo que le paso a un hombre aquí en Las Vegas. Resulta que fue a su primera subasta llevando consigo todos sus ahorros, había escuchado que se hacía muy buen dinero allí y que las casas estaban en precios realmente baratos.

Resulta que no hizo su tarea y de plano no entendía el juego.

El hombre lo único que hizo fue ver el listado de todas las propiedades que estarían ese día en la subasta, reconoció la calle donde el mismo vivía y se dio cuenta que iba a salir una casa en la subasta ese día. ¡Solo eso tenia de información! Como su casa tenía un valor en el mercado de $210,000 asumió de manera muy ingenua que esa propiedad de la subasta en su misma calle tenía el mismo valor... ¡Cosita!

El hombre se mantuvo de pie esperando que la

casa saliera a remate. Unas 2 horas después gritaron:

--- 123 nombre ficticio Street, entra a la subasta y el precio de inicio es de $165,000

¿Quién ofrece $165,000 dólares?

¡Esa era la casa que él estaba esperando! Levanta la mano y dice a todo pulmón:

--- ¡¡YO!!

Nadie más levanto la mano.

--- $165 mil a la una, $165 mil a las dos, $165 mil a las tres y se la lleva el caballero por $165,000 dólares.

El hombre se aventó un grito de victoria, estaba feliz. Si la casa de él que estaba prácticamente igual, en la misma cuadra y en la misma calle tenía en ese momento un valor en el mercado de $210,000 dólares... ¡Acababa de comprar una casa igual por $165,000!

--- ¡Que tontos, nadie de los que estaban ahí me hizo competencia! ¡Me acabo de ganar una casa con una ganancia de $45,000 dólares!

Le duró muy poquito el gusto. Un par de días después se dio cuenta que la casa tenía un balance en los impuestos de propiedad por $2,700 además casi $5,000 en deuda en la asociación (HOA) otros $3,500 en utilidades (drenaje, agua, basura etc.) y para acabarla de amolar, toda la casa estaba destruida. Los dueños anteriores al verse perdidos y no poder salvar la casa de un embargo hipotecario "foreclosure", se desquitaron con la propiedad y la agarraron como piñata de cumpleaños. La destruyeron toda, hasta le pusieron cemento en las tazas de baño y lavabos destruyendo la plomería.

Por eso nadie ofreció más, debería haberse informado en récords públicos sobre las deudas que estaban registradas en la casa, también de perdida hubiera ido a ver la casa por las ventanas para darse una idea de las condiciones en las que estaba.

Eventualmente el hombre reparó la casa, y la puso en renta. Poco a poco va a recuperar su inversión.

Finalmente, piensa fuera de la caja: contacta propietarios antes de que decidan vender ¿Cómo? Por ejemplo, puedes buscar registros públicos de propiedades con avisos de incumplimiento hipotecario (pre-foreclosures) o impuestos atrasados, información que suele estar disponible en los portales del condado. Un dueño en dificultades financieras podría estar aliviado de recibir una oferta directa antes de perder la casa en una ejecución. Eso sí, sé siempre respetuoso y honesto en tu acercamiento, ofreciendo soluciones ganar-ganar (como comprar rápidamente y hacerse cargo de la deuda pendiente). La clave de la búsqueda creativa es ser proactivo: no esperar a que la oferta llegue a ti, sino salir tú a encontrarla en el mundo real.

Networking: La Fuerza de los Aliados en tu Búsqueda:

En bienes raíces, muchas veces no es solo lo que sabes, sino *a quién* conoces. Construir una red de contactos sólida puede abrirte puertas a oportunidades que jamás verías anunciado en ningún lado. Uno de tus mejores aliados puede ser un buen agente inmobiliario enfocado en inversiones. Comunícate con agentes locales y explícales claramente qué tipo de propiedades buscas (por ejemplo, "casas de 3 habitaciones por debajo de $200k en tal zona, para invertir"). Muchos agentes se enteran de propiedades antes de que salgan al mercado. Puede saber de un propietario que está considerando vender, o también saber de alguna casa que va a ser listada la próxima semana, etc. Si te ganas la confianza de un agente, es posible que te llame primero a ti con ese "tip" exclusivo.

Cierto día, un agente de préstamos que tenía una buena relación de trabajo con una agente local de bienes raíces recibió una llamada de ella en donde le avisaba confidencialmente sobre una casa próxima a listar cuyo dueño necesitaba una venta rápida debido a un divorcio. Gracias a ese dato privilegiado, el agente de préstamos presentó una oferta *antes* de que la propiedad tocara el MLS, obteniendo un trato excelente sin competencia.

Otro aliado importante son los wholesalers o intermediarios de inversiones. Son personas que se dedican a cazar propiedades baratas (a veces en mal estado o de dueños muy motivados), las ponen bajo contrato y luego asignan ese contrato a un comprador final por una tarifa. Busca en tu ciudad si hay wholesalers activos; suelen anunciarse con letreros de "Compro Casas Cash" o en grupos de inversionistas en Facebook. Si trabajas con uno, asegúrate de hacer tu propia debida diligencia (ellos te presentarán números y estimados, pero tú debes verificar que sean realistas). Muchos inversionistas exitosos compran múltiples propiedades al año provenientes de wholesalers de confianza.

No subestimes tampoco las asociaciones de inversionistas y eventos de networking. En casi todas las ciudades hay clubes, meetups o grupos de inversión inmobiliaria donde la gente se reúne para compartir experiencias y a veces tratos. Asistir a estos eventos te conecta con otros inversionistas.

Algunos buscan socios, otros tienen más oportunidades de las que pueden manejar y están dispuestos a pasarlas. Imagina conversar con un veterano que dice "Tengo un par de propiedades rentables que quiero vender para liquidar capital, ¿sabes de alguien interesado?" Ese alguien puedes ser tú, si estás en el lugar correcto en el momento indicado. Además, rodearte de personas que comparten tu visión refuerza tu motivación. Aprenderás de sus historias de éxito (y de errores), obtendrás recomendaciones de abogados, agentes de préstamos privados, contratistas y más.

En resumen, el networking multiplica tus ojos y oídos en el mercado. No camines solo; tiende puentes con profesionales y entusiastas del rubro, porque cada contacto es una posible fuente de la próxima gran oportunidad.

Analiza la Oportunidad y Actúa con Rapidez:

Cuando una posible oferta rentable aparece frente a ti, llega el momento de poner en práctica tus habilidades analíticas y tu valentía para actuar. Primero, verifica los números clave de la propiedad. Esto no tiene por qué ser complicado: utiliza las herramientas disponibles (calculadoras en línea, asesórate con tu agente o mentor) para estimar rápidamente el rendimiento.

Si es una casa para alquiler, calcula su posible flujo de caja: resta a la renta mensual estimada los gastos (hipoteca, impuestos, seguros, mantenimiento, administración) y asegúrate de que quede un margen positivo decente. Muchos inversionistas usan reglas simples, como la "regla del 1%" (que el alquiler mensual sea aproximadamente el 1% del precio de compra) para filtrar rápidamente si vale la pena profundizar en un análisis. Si es una propiedad para *flip* (comprar, arreglar y vender), estima el costo de las remodelaciones necesarias y compáralo con el valor de reventa proyectado (*After Repair Value*).

Por ejemplo, si compras en $150k, invertirás $30k en arreglos, y piensas que puedes vender en $230k, entonces hay un potencial bruto de $50k de ganancia menos gastos de venta suena prometedor. En cambio, si los números lucen muy justos o dependes de un escenario "demasiado perfecto" para ganar dinero, probablemente no sea tan buen trato.

Mientras corroboras la rentabilidad, no descuides la debida diligencia: verifica el estado legal de la propiedad (título de propiedad limpio, que no tenga gravámenes o deudas ocultas), inspecciona su condición física (idealmente con un profesional si el tiempo lo permite), y analiza el vecindario (una casa barata en una zona de alto crimen o sin demanda de renta quizá no sea una oportunidad real). Estas verificaciones te aseguran que la oferta rentable no oculte sorpresas costosas.

Lo crucial es encontrar un equilibrio entre análisis y acción. No quieres precipitarte sin hacer cálculos, pero tampoco quieres quedar paralizado por el análisis eterno mientras otro comprador más ágil se te adelanta. En mercados dinámicos, las oportunidades vuelan: recuerda que la **velocidad de ejecución** es a menudo lo que separa al inversor exitoso del que se queda con las manos vacías. Si una propiedad cumple tus criterios y los números tienen sentido, muévete rápido.

Esto puede significar llamar en ese mismo momento al vendedor o agente para manifestar interés, hacer una oferta escrita inmediatamente (aunque sea sujeta a inspección luego), o entregar un depósito de buena fe para asegurar el trato. Si te has preparado bien, confía en tu criterio a la hora de decidir. Como dice un dicho popular, *"no dejes para mañana la oferta que puedas hacer hoy"*. Cada minuto cuenta cuando has identificado una gema inmobiliaria.

Tu Próximo Gran Trato Te Está Esperando

Hemos recorrido un camino que va desde la mentalidad adecuada hasta las acciones prácticas para encontrar oportunidades inmobiliarias rentables. Ahora sabes que las buenas ofertas **sí existen**, que el mercado es abundante para quien aprende a verlo con ojos entrenados y que cuentas con numerosas herramientas digitales y tradicionales para descubrirlas. Has aprendido a prepararte, a usar Zillow, Redfin, Realtor.com, LoopNet o PropStream como un profesional, a pensar de forma creativa más allá de las pantallas y a apoyarte en una red de aliados. También sabes evaluar rápidamente un trato y moverte con determinación. En esencia, llevas en tu arsenal todo lo necesario para salir allá afuera y cazar tu próxima gran oportunidad.

Lo único que separa el conocimiento de los resultados es la **acción**. Te invito, con toda la convicción, a que te mires al espejo y te digas: *"¡Estoy listo para lograrlo!"*. Cada propiedad que investigues, cada llamada que hagas, cada visita que programes te acercará un paso más a tu meta financiera, además que vas adquiriendo confianza y más conocimiento. Mantén tu motivación en alto, estás construyendo un futuro donde las decisiones que tomas hoy se convertirán en la estabilidad y prosperidad de tu familia mañana.

No permitas que nadie te diga que no se puede. Muchos han alcanzado la libertad financiera en bienes raíces empezando desde cero, igual que tú. La diferencia fue que ellos dieron el salto de la teoría a la práctica con fe en sí mismos y perseverancia. Haz lo mismo: aplica estas estrategias, comete errores y aprende de ellos, pero sobre todo no te rindas.

Recuerda siempre que el éxito en bienes raíces, como en la vida, llega cuando la oportunidad se junta con la preparación y la acción decidida. Esa oportunidad rentable que buscas ya está ahí fuera esperándote, ahora sabes cómo encontrarla.

Depende de ti salir a tomarla. ¡Adelante, ve y construye tu sueño paso a paso, trato a trato!

Referencias:

- ipropertymanagement.comipropertymanage ment.com – Estadísticas de uso de Zillow (2023): ~70% de compradores usan Zillow; base de datos de ~160 millones de viviendas; 100% de compradores usan Internet y 52% compraron la casa que encontraron en líneaipropertymanagement.com.
- investors.redfin.com – Informe Redfin (Q2 2024): ~52 millones de usuarios mensuales en Redfininvestors.redfin.com.
- onlinemarketplaces.com – Datos Realtor.com (Q4 2023): ~66 millones de usuarios únicos mensualesonlinemarketplaces.com.
- costargroup.com – Nota de prensa CoStar/LoopNet (2022): ~11 millones de visitantes únicos mensuales en LoopNet; ~88% de inversionistas comerciales buscan propiedades en líneacostargroup.com.
- propstream.com – Comunicado PropStream (2024): PropStream dispone de datos de más de 155 millones de propiedades en EE.UU.propstream.com.

Vence tu miedo como lo hizo esta gran mujer:

Oprah Winfrey – El miedo a no ser suficiente

Pobreza, abuso y racismo... su infancia era un campo de batalla. Temía que todo eso la marcara para siempre. Pero decidió usar su historia como motor. Habló con honestidad frente a millones y transformó su vulnerabilidad en poder.

Mensaje para ti: Tu pasado puede ser tu excusa... o tu combustible.

<u>*El éxito lo encuentras después del miedo:*</u>

Winston Churchill

"El éxito no es definitivo, el fracaso no es fatal: lo que cuenta es el valor para continuar."

(Frase que repetía durante los días más oscuros de la Segunda Guerra Mundial.)

CAPÍTULO V

Financiamiento Inteligente. Tu Llave Maestra para Invertir

"El dinero siempre fluye hacia quien tiene la visión y el valor de usarlo con inteligencia."

E l dinero no tiene que ser tuyo para hacer que trabaje para ti. La verdadera riqueza viene cuando sabes cómo usar el financiamiento correcto, en el momento correcto, para el negocio correcto.

Cambia tu mentalidad sobre el dinero y el financiamiento

Antes de lanzarte a buscar un préstamo o una hipoteca, tienes que saber que el financiamiento no es un enemigo ni una cadena que te ata. Es la herramienta más poderosa para hacer crecer tu patrimonio si la usas con inteligencia.

La mayoría piensa que para invertir en bienes raíces hay que tener una montaña de dinero guardado bajo el colchón, pero esa es la mentalidad que mantiene a muchos soñadores en la banca sin hacer nada, sin entrarle al juego.

El financiamiento inteligente es exactamente lo contrario: es usar el dinero de otros (bancos, inversionistas privados, entidades financieras) para hacer crecer tu patrimonio, sin perder el control y minimizando riesgos. Como dicen los grandes inversionistas de la historia: OPM. Other people's money. (Dinero de otros)

En este capítulo te voy a enseñar cómo navegar el sistema financiero en Estados Unidos, desde los bancos tradicionales hasta los préstamos privados, cómo elegir la mejor opción según tu perfil y objetivo, y cómo evitar los errores que te pueden costar tiempo, dinero y salud mental.

¡Yo amo la deuda! Obviamente siempre y cuando la deuda sea buena, esa deuda que la pagan otros (inquilinos) o como me dice mi cliente, que la paguen los renteros. La deuda buena es esa que te da a ganar dinero cada mes usando el dinero de otros.

En una ocasión una mujer me dijo que ella no puede dormir sabiendo que le debe dinero a alguien, que esa era la razón por la que no se atrevía a comprar casa, se le hacía imposible pensar que pasaría desvelada 30 años que dura la deuda de una hipoteca tradicional aquí en USA. Me dijo:

--- Yo no sé cómo le hace usted para dormir tranquilo con tanta deuda que tiene

--- Duermo como bebe recién nacido, dormiré mucho mejor el día que le deba al banco $1 billón de dólares.

--- Válgame Dios, yo me muero del pendiente

--- Yo también algún día me voy a morir, pero con esa deuda y con todos los bienes raíces que tendré gracias a ese billón de dólares, en lugar de morirme con pendiente como dice usted, dejaré una fortuna a mis seres queridos. Dejaré una riqueza generacional.

Muchas personas, especialmente latinos, aún no saben cómo manejar la deuda.

Esto pasa cuando adquieren deuda mala y los pagos los tienen enterrados. Están aterrados por no saber cómo salir de ahí, como librarse de los pagos, arruinando su puntaje de crédito haciendo que cada día se les haga más difícil avanzar en sus finanzas.

¿Qué prefieres, recursos o ingenio?

Algunos tienen recursos, pero no avanzan porque les hace falta ingenio. Otros por el contrario tienen ingenio, y siempre lo usan para adquirir recursos, así es como funciona el financiamiento; debemos tener ingenio para utilizar los recursos económicos que nos ofrecen los bancos y las instituciones privadas.

¿Qué es Financiamiento Inteligente y por qué es esencial?

No se trata solo de pedir dinero prestado y ya. Financiamiento inteligente significa estructurar tu deuda para maximizar el rendimiento de tu inversión y minimizar tus riesgos.

Mentalidad de inversionista: El dinero es un recurso, no un límite. Un inversionista inteligente ve el financiamiento como un multiplicador, no como una carga. Cada dólar que pones debe tener un propósito estratégico. No se trata de gastar, sino de invertir. El financiamiento debe ayudarte a construir activos, no pasivos.

En bienes raíces, el financiamiento inteligente te permite comprar más propiedades, aprovechar mejores ubicaciones, obtener mejores precios y acelerar tu camino hacia la libertad financiera.

En una ocasión, se me presento una oportunidad de comprar una casa en donde la dueña murió sin testamento ni fideicomiso, su único hijo vivía en otro estado y me dijo que desafortunadamente no tenía una buena relación con su difunta madre, y además no le interesaba quedarse con la casa, según él le traía muy malos recuerdos.

La oportunidad de comprar la casa se presentó cuando me dijo que tenía que regresar a trabajar, que solo vino a los servicios funerales y que de plano no tenía ni tiempo ni ganas para hacer los tramites de ponerla en el mercado y lidiar con ofertas y compradores. Le dije que yo era inversionista, que por un precio razonable para ambos yo se la compraba. Como les dije anteriormente, es importante siempre estar preparados para una oportunidad de compra, yo lo estaba.

El acuerdo se logró con un beneficio para ambos y 5 días después la casa era oficialmente mía. ¿Como? Con financiamiento creativo usando un hard money lender, (institución privada de préstamos) Dicha institución me dio el 100% del valor de la casa y el 100% del costo de reparaciones, yo ya tenía una relación buena con esta institución y por eso no necesité dinero, mi historial con ellos me respaldaba, es decir, yo puse el 0% de enganche, así que de mi bolsa no salió ni un centavo. El banco privado me cobró el 12% de interés anual o el 1% mensual... intereses solamente, yo estaba feliz, la mayor (por no decir que todo) parte del riesgo era para la institución privada y yo no estaba arriesgando absolutamente nada.

La propiedad quedó terminada en todas las reparaciones, la puse al mercado, se vendió, recuperé mi inversión y gané un poco más de $30,000 dólares. Todo esto pasó en casi 5 meses, el banco privado recupero todo su dinero además de 5 meses de intereses equivalente al 5%.

Un buen inversionista siempre está listo. ¿Cuántas de estas transacciones puedes hacer? Todas.

Las instituciones bancarias tradicionales en EE. UU. para financiamiento inmobiliario.

Las instituciones bancarias son el primer lugar donde muchos inversionistas van a buscar financiamiento. Aquí tienes un desglose de las opciones más comunes y lo que necesitas saber para sacarles jugo.

Hipotecas convencionales

Qué son: Préstamos hipotecarios ofrecidos por bancos y entidades financieras reguladas.

Ventajas: Tasas de interés competitivas, términos claros, pagos fijos o variables.

Requisitos comunes: Buen historial crediticio (generalmente 640+), ingresos estables, deuda controlada, y pago inicial de al menos 3%, 5% a 20%.

Si tienes buen crédito y un ingreso comprobable, esta es la opción más barata y segura para financiar tu propiedad.

Préstamos FHA (Federal Housing Administration)

Qué son: Préstamos respaldados por el gobierno diseñados para facilitar la compra de vivienda a personas con menos capital inicial o crédito no perfecto.

Ventajas: Pago inicial tan bajo como 3.5%, requisitos de crédito más flexibles.

Requisitos: Debes usar la propiedad como residencia principal, no para inversión.

Excelente opción para primerizos que quieren entrar al juego sin mucho dinero, pero no es la mejor para comprar propiedades de inversión.

Algo que uso mucho con mis clientes que están empezando en el juego de bienes raíces es usar la ley del FHA. Muchos de mis clientes se han beneficiado de esta ley. Te la explico: Compras un 4plex, 3plex o dúplex con el préstamo FHA, "la ley" de este préstamo bancario es que debes de vivir ahí por lo menos un año. La estrategia es que vivas en una unidad y rentes el resto. Al año te puedes salir de la unidad en la que estas viviendo y ahora también dicha unidad la dejas rentando.

¡Acabas de adquirir una propiedad de inversión con solo el 3!5% de enganche! En lugar del 20%-25% de enganche que se requiere cuando compras una propiedad de inversión en directo.

Préstamos VA (Veteranos de Guerra)

Qué son: Préstamos para veteranos y militares activos, con beneficios como 0% de pago inicial y tasas preferenciales.

Ventajas: Sin pago inicial, sin seguro hipotecario privado (PMI). Requisitos: Ser veterano, militar activo, o cónyuge elegible.

Si calificas, es oro puro para tu primera vivienda, pero al igual que FHA, enfocado a residencia principal.

Préstamos USDA (Departamento de Agricultura)

Qué son: Préstamos para propiedades rurales con bajo o ningún pago inicial. Ventajas: Ideal para zonas rurales con precios accesibles.

Perfecto si quieres invertir en zonas de crecimiento rural o suburbanas con potencial.

Opciones de financiamiento privadas y creativas para inversionistas.

No todo es banca tradicional. En realidad, los inversionistas más exitosos no se quedan atrapados solo con los préstamos convencionales. Usan financiamiento privado y creativo para escalar rápido y aprovechar oportunidades.

Financiamiento Privado

Qué es: Préstamos que provienen de inversionistas privados o grupos de capital, no regulados por el banco tradicional.

Ventajas: Más flexibilidad, menos papeleo, rapidez en la aprobación.

Desventajas: Tasas de interés más altas (normalmente entre 8%-15%), plazos más cortos.

Ideal para proyectos rápidos, compras de propiedades en condiciones especiales, o cuando el banco tradicional te dice que no. Excelente para fix and flip.

Seller Financing (Financiamiento del vendedor)

Qué es: Cuando el dueño actual financia la compra, y tú haces pagos directos al vendedor en lugar de pagarle al banco. Yo optaría en este tipo de financiamiento encontrar a una compañía de título que haga las veces de escrow, es decir, que en lugar de tu pagarle al vendedor, le pagues a un tercero en este caso a la compañía de títulos para que te asegures que todo está en orden.

Imagínate en una transacción de estas en donde el vendedor aún tiene un préstamo hipotecario en la casa que le estás comprando, tú le pagas a él y el a su vez tiene que pagar su hipoteca, tienes que confiar en que lo haga porque de no hacerlo su banco le va a embargar la casa, aunque tú le hayas dado los pagos. De la manera que yo te recomiendo es que tú le pagues a la compañía de título, ellos paguen la hipoteca aun existente del vendedor y lo que sobre se lo den al vendedor como ganancia, así de esa manera todo mundo está cubierto.

Ventajas: Negociación directa, menos requisitos, posibilidad de acuerdos flexibles.

Muy útil cuando la propiedad no califica para financiamiento bancario o para acelerar la compra.

Lease Options (Opción de arrendamiento o renta con opción a compra)

Qué es: Rentas con opción de compra, donde parte del pago mensual puede aplicarse a la compra futura.

Ventajas: Tiempo para mejorar tu crédito o reunir dinero para el pago inicial.

Útil para compradores que quieren asegurar una propiedad antes de tener el financiamiento definitivo.

En este modelo de financiamiento uno de mis clientes puso bajo contrato a 10 propiedades de renta con opción a compra, todas en el área de Orlando en La Florida, obviamente no vivía en ellas, pero todas las puso a renta en Airbnb, hizo un dineral y ninguna de esas propiedades salía en su crédito personal, al finalizar los contratos decidió renovar algunos y cancelar otros, literalmente cobraba rentas en casas que nunca fueron de él y todos contentos.

HELOC (Home Equity Line of Credit)

Qué es: Línea de crédito basada en el valor

acumulado de tu propiedad actual. Ventajas: Acceso rápido a capital para invertir en nuevas propiedades.

Excelente herramienta para reinvertir en propiedades y crecer tu portafolio sin vender nada. Sin duda alguna esta es mi herramienta favorita, yo le llamo: tener mi propio banco. En un HELOC yo me presto dinero a mí mismo, me cobro legalmente intereses, como es dinero prestado no pago impuestos y solo pago al IRS en la ganancia. Por ejemplo, si el HELOC tiene un interés al 9% yo me lo presto a mí mismo al 10%, mi ganancia es del 1% en mi propio dinero y esa ganancia es la que está sujeta a pagar impuestos. ¡Todos los intereses pagados son deducibles de impuestos! Las propiedades son mías, el HELOC es mío, el cash flow es mío, los intereses los pagan los inquilinos, el HELOC lo respalda mi propiedad y el dinero lo pone el banco... ¡Atáscate que hay lodo!

I.- Cómo preparar tu perfil financiero para maximizar el acceso al financiamiento.

Antes de salir a buscar dinero, tienes que preparar tu perfil para que las instituciones y agentes de préstamos (prestamistas) te vean como un inversionista confiable.

1.- Tu Crédito

- Mantén tu puntaje crediticio arriba de 720 si quieres las mejores tasas.
- Paga a tiempo todas tus cuentas.
- Evita abrir muchas cuentas nuevas en poco tiempo.

2.- Ingresos y empleo

- Los bancos quieren ver ingresos estables y suficientes para cubrir la deuda.
- Ten a la mano recibos de pago, estados de cuenta bancarios y declaraciones de impuestos.
- Para inversionistas que trabajan por cuenta propia, los estados financieros y declaraciones pueden ser clave.

3.- Relación deuda-ingreso (DTI)

- El DTI es la relación entre tus deudas mensuales y tus ingresos.
- La mayoría de los bancos quieren un DTI menor al 43%, pero entre más bajo, mejor.

4.- Capital y ahorros

- Aunque hay préstamos con bajo pago inicial, tener un colchón financiero te da flexibilidad y seguridad.

- Muestra fondos reservados para emergencias, costos de cierre y mejoras.

II.- Cómo buscar y comparar las mejores ofertas de financiamiento.

No te quedes con la primera oferta. Es un error que cometen muchos inversionistas novatos. Busca opciones. Si ya tienes a un agente que te representa y tiene experiencia, lo más seguro es que ya tenga a su equipo de préstamos y te puede ahorrar tiempo.

1.- Comparar tasas de interés

- La diferencia entre una tasa del 4% y una del 5% puede significar miles de dólares en intereses a largo plazo.

2.- Analiza términos y condiciones

- Mira plazos, penalizaciones por pago anticipado, costos de cierre, seguros y otros cargos.

3.- Trabajar con brókers hipotecarios

- Un bróker puede ayudarte a comparar diferentes préstamos y encontrar mejores ofertas.

4.- Negociar

- No temas negociar mejores condiciones o pedir que te quiten ciertos cargos.

EL PODER DEL APALANCAMIENTO.

Este es el secreto que separa a los que construyen riqueza de los que solo trabajan para pagar deudas.

¿Qué es apalancamiento?

Usar dinero prestado para aumentar la cantidad de dinero que puedes invertir.

Ejemplo práctico:

Si compras una propiedad de $200,000 con un pago inicial del 20% ($40,000), y esa propiedad sube un 10% a $220,000, tu ganancia real es de $20,000, lo que equivale a un 50% de retorno sobre tu inversión inicial.

Riegos y precauciones

- El apalancamiento aumenta tanto las ganancias como las pérdidas.
- No te sobre endeudes.
- Asegúrate de que el flujo de caja de la propiedad cubra los pagos del préstamo.

Cómo usar financiamiento para construir un portafolio de bienes raíces. Estrategia escalonada:

- Compra tu primera propiedad con el mejor financiamiento posible.
- Usa el flujo de caja y el valor acumulado para financiar la siguiente.
- Repite el proceso para crear un portafolio diversificado.

Ventajas de esta estrategia:

- Crecimiento exponencial del patrimonio.
- Mejor uso del dinero que solo comprar propiedades al contado.
- Aprovechar el mercado y el crédito para multiplicar ingresos.

Errores comunes que debes evitar en financiamiento.

- No entender los términos del préstamo.
- No preparar bien tu crédito y finanzas.
- No comparar opciones.
- Sobre endeudarte.
- No tener un plan de salida o contingencia.

Recursos y plataformas recomendadas para buscar financiamiento en EE. UU. Bankrate.com – Comparador de hipotecas y tasas.

Zillow Mortgages – Calculadoras y recursos de financiamiento.

LendingTree – Plataforma que compara ofertas de diferentes prestamistas.

Local credit unions – Cooperativas de crédito locales que ofrecen tasas competitivas. Mi primera opción cuando estoy en busca de HELOCS.

Fundrise y RealtyMogul – Plataformas de micro financiación inmobiliario para inversión privada.

<u>MENTALIDAD Y ACCION:</u> Esta es la combinación ganadora para dominar el financiamiento inteligente.

Algo que puede cambiar el juego para ti, así como me lo cambió a mí cuando entendí esta verdad es: Tener la mentalidad correcta sin acción es solo un sueño. Y tomar acción sin la mentalidad adecuada es un camino directo al fracaso.

Esto no es solo teoría ni frase cliché de motivación barata. Es el motor que impulsa a los que realmente logran cambiar su vida con los bienes raíces y el financiamiento inteligente.

Mentalidad: Tu base sólida, tu ventaja secreta.

Primero, la mentalidad. Sin ella, no importa cuánto dinero tengas o qué tan buen plan tengas; vas a estrellarte.

- <u>Mentalidad de dueño, no de deudor:</u> Tú no estás pidiendo dinero porque te falta, estás pidiendo dinero para hacer crecer tu imperio. Eso cambia todo el chip. Cuando ves el financiamiento como una herramienta para crear riqueza, no como una carga, actúas diferente, negocias diferente, tomas mejores decisiones. Imagínate a una persona con un estrés increíble porque le debe al banco cientos de miles o millones de dólares vs. A otra persona en la misma situación con el pecho hinchado de orgullo porque el banco confía en él y su destreza para seguirle prestando dinero y hacer crecer su portafolio. MUY PINCHI DIFERENTE.

- <u>Paciencia para el proceso, hambre para el resultado:</u> No te voy a mentir, no es magia de inmediato. El financiamiento inteligente requiere que estudies, que te prepares, que ajustes tu juego constantemente. Pero tienes que mantener esa hambre, ese fuego interno que no te deja rendirte hasta ver el éxito.

- <u>Mentalidad de abundancia:</u> No pienses que el dinero es limitado o que solo los "ricos" pueden acceder a él. El dinero está circulando, y la gente inteligente sabe dónde encontrarlo y cómo usarlo. Tu mente debe estar abierta a las posibilidades, a las formas creativas y a la innovación financiera.

Acción: El motor que convierte tus ideas en realidad.

Ahora, hablemos de la acción. Porque mentalidad sin acción es como un motor sin gasolina.

- El que se mueve gana: Mientras otros siguen soñando y aplazando y con miedo, tú tienes que levantarte y hacer que las cosas pasen. Aplica a ese préstamo, habla con ese agente del banco, busca ese inversionista privado. No esperes el momento perfecto; haz que el momento sea perfecto.
- Aprende haciendo: No necesitas saberlo todo antes de empezar. Aprende en el camino, comete errores, pero que sean de acción, no de inacción. Cada llamada, cada reunión, cada firma de contrato es una lección que te acerca a la libertad financiera que estas buscando.
- Construye tu red: El financiamiento inteligente no es solo dinero, es gente. Conoce a agentes, brókers, inversionistas, instituciones de préstamos privados, agentes de préstamos hipotecarios. Rodéate de personas que te empujen hacia adelante y que te abran puertas que ni siquiera sabías que existían.

La fórmula mágica no existe, pero esta que te pongo a continuación sí funciona: Mentalidad + Acción = Resultados Reales.

No te prometo que será fácil, ni rápido. Pero sí te prometo que, si cambias tu mentalidad, tomas acción constante y estratégica, no hay sistema financiero en Estados Unidos que te pueda detener.

Chris Gardner – El miedo a la ruina total

Chris tenía un hijo pequeño y ni siquiera un techo. Dormían en baños públicos. El miedo de perderlo lo ahogaba, pero no se detuvo. Trabajó gratis como pasante en una firma de inversiones y se convirtió en uno de los mejores.

Su historia inspiró la película *En busca de la felicidad*. Con el actor Will Smith.

Cuando crees que has tocado fondo, en realidad estás en el punto de impulso, no hay otra salida más que para arriba.

"El salto de Ana"

Ana siempre soñó con tener su primera propiedad para renta, pero había un problema: su cuenta de ahorros estaba más flaca que un billete de un dólar después de pagar renta, comida y gasolina.

Su miedo era lógico: ¿Y si me meto en una deuda que no puedo pagar? ¿Y si todo sale mal y termino peor que ahora? Un día, en un taller de bienes raíces, escuchó algo que dije y le dio vueltas en la cabeza:

"No necesitas tu dinero... necesitas una buena idea y saber a quién contarle esa idea, necesitas estrategia, necesitas aprender de alguien que ya lo hizo".

Ana investigó y encontró una propiedad que estaba en venta por un dueño cansado de lidiar con inquilinos. La casa estaba en buen estado, pero el dueño no quería esperar a que un banco aprobara a un comprador tradicional.

Ana le propuso comprársela con "seller financing": él sería como el banco y ella le pagaría en mensualidades utilizando una compañía de títulos que hiciera un escrow account, de esa manera no tendría que poner un enganche grande. El dueño aceptó porque así recibía ingresos fijos y evitaba pagar impuestos de golpe por la venta.

Ana remodeló la cocina y el baño con dinero que obtuvo de un inversionista privado, un amigo de la familia que le prestó a cambio de un interés fijo y en tres meses rentó la propiedad con una ganancia mensual.

El miedo que sentía al principio se convirtió en seguridad:

—No necesité un banco, no necesité mis ahorros... necesité saber negociar y atreverme. Me dijo cuando nos encontramos de nuevo.

El apalancamiento no es solo usar el dinero de otros; es usar la confianza y la creatividad para cerrar tratos que parecían imposibles.

Recuerda la frase que me guía todos los días:

"El dinero sigue a las personas que se atreven a invertir en sí mismas primero. Y si sabes cómo manejarlo, el mundo será tuyo."

Este es tu momento. No esperes a que alguien te lo regale, no esperes el tiempo perfecto para hacerlo. El financiamiento inteligente está ahí, esperando que tú lo tomes. Solo hace falta que decidas ser el dueño de tu destino y te pongas en marcha.

"El éxito no es tener el dinero, es saber usarlo."

Ahora que tienes las herramientas, es momento de ponerlas en práctica. ¿Ahora que ya sabes...Que chingados vas a hacer?

El éxito lo encuentras después del miedo:

Amelia Earhart

"Lo más difícil es decidirse a actuar; el resto es mera tenacidad. El miedo es un tigre de papel."

(Primera mujer aviadora en cruzar el Atlántico.)

CAPÍTULO VI
Evitando Errores Costosos

No es lo que ganas lo que te hace rico... es lo que dejas de perder."

El precio invisible de los errores.

En bienes raíces, la ganancia no solo se mide por lo que cobras de renta o por la plusvalía que acumula tu propiedad. Se mide también por lo que evitas perder.

Un error en bienes raíces puede costarte más que una mala inversión en bolsa, porque aquí no hablamos de papeles que puedes vender en segundos... hablamos de activos físicos, contratos legales y compromisos financieros que pueden atarte por años.

He visto a personas ganar $50,000 en una operación... y también he visto a otros perder esa misma cantidad en menos de seis meses. ¿La diferencia? El primero se protegió contra los errores comunes; el segundo se dejó llevar por la emoción y no hizo su tarea. Pensó con el corazón en lugar de pensar con el cerebro.

Esta manera de pensar aplica en todos los aspectos de tus finanzas, que es lo que haces con tus ingresos es lo que dicta tu manera de vivir y de alcanzar todas las metas financieras que te propongas. En un momento de mi carrera yo fui el gerente general de un banco hipotecario, tenía a mi cargo un poco más de 40 agentes, todos nos dedicábamos a conseguirles los préstamos a nuestros clientes para comprar casas en donde vivir, refinanciar e invertir.

Un día llegó un joven a pedirme trabajo, me cayó bien desde el principio, tenía sangre liviana como decía mi abuelo. Me dijo:

--- Yo voy a hacer todo lo que usted me diga, ni siquiera lo voy a cuestionar.

--- Eso es un gran error, una cosa es hacer lo que yo te diga con el afán de aprender y otra muy diferente es hacerlo sin pensar o cuestionarte. Cuando la persona se cuestiona todo, llega a un nivel de entendimiento superior, cuestionándose todo es como de verdad se aprende y se ahonda en un tema específico.

Tienes que ser humilde también para aceptar lo que aún no sabes, que no te gane la soberbia pensando que por cuestionarte las cosas eres o te sientes superior a los demás. Cuestionarse es ponerse a pensar... y ponerse a pensar es lo que nos hace crecer, lo que nos hace diferentes de los animales. <u>Los ricos piensan, los pobres trabajan.</u>

Ese muchacho empezó a cerrar prestamos, empezó a ganar confianza en sus conocimientos. Yo lo observaba y sin meterme en su vida privada también me empecé a cuestionar en donde se iba todo el dinero de las comisiones que el ganaba. No tenía casa propia, seguía rentando, no tenía coche nuevo, no vestía con ropa de marca, no tenía una novia y tampoco se reunía con los demás compañeros los fines del mes para celebrar la producción de la oficina.

En una ocasión durante un desayuno que hice para todos en la oficina se sentó junto a mi para compartir los alimentos, ahí encontré la oportunidad para hacerle la pregunta que me inquietaba:

--- Oye, he visto tu progreso en los cierres de préstamos hipotecarios, ya tienes más de 2 años trabajando aquí conmigo y sé que tienes todo en orden para empezar a invertir, discúlpame por meterme en tus cosas, pero me tomé la libertad de buscar tu nombre o el de tu LLC en récords públicos y no encontré ninguna propiedad ahí. ¿Está todo bien? No me digas que estas ahorrando para comprar tu casa en efectivo, de ser así te he fallado como mentor.

--- No me ha fallado. Al contrario, yo he anotado lo que usted me ha dicho, lo que he aprendido y lo que me ha pasado aquí en la oficina. Una de las cosas que usted me dijo fue: No es lo que ganas ni cuánto ganas, es lo que haces con esos ingresos lo que te va a separar de la pobreza a la riqueza.

--- Efectivamente, siempre he dicho eso, entonces tú... ¿Qué es lo que has hecho con tu dinero?

--- Todo, absolutamente todo el dinero que me sobra después de cumplir con mis gastos lo estoy mandando a mi país, mi ilusión más grande no es trabajar en el área de préstamos hipotecarios, lo que de verdad me llama la atención es tener una Cabañas en medio de la selva que está cerca de mi ciudad en Guatemala. Para decir verdad, quiero aprovechar este almuerzo para agradecerle todo lo que me ha enseñado y también para despedirme, mi padre dice que solo faltan los toques finales para arrancar ya la renta de las 10 cabañas que tengo y en este verano que es temporada alta de turismo vamos a cortar el listón de apertura.

Ese muchacho me dio 3 lecciones ese día.

1. <u>Enfoque</u>. Yo le dije que se enfocara, que descubriera lo antes posible que era lo que quería y que fuera a conseguir su sueño. En un mundo en donde distraerse es lo más fácil, él se mantuvo enfocado por más de 2 años. Admito que yo me desenfoco a cada rato, cuando me descubro desenfocado, inmediatamente me acuerdo de él y la gran lección que me dio.

2. <u>Evitar errores de dinero.</u> Yo le dije que lo más importante no era lo que ganaba, lo que verdaderamente importa era lo que hacía con los ingresos adquiridos. Este joven no gasto en cosas innecesarias, solo vivió con lo que

necesitaba, entendió que el dinero es un vehículo para usar y apalancarse.

3. Estrategia. Entendió y estudió a los bancos en su país, se estructuró para primero probar el concepto, desarrollar su plan de negocios, crear plusvalía para luego apalancarse en préstamos bancarios y hacer más cabañas para expandir su negocio.

Ese fue el último invierno que pasó en la empresa, en diciembre del mismo año 2005 se regresó a Guatemala. En el 2020 un poco antes de la pandemia de COVID me lo encontré de nuevo en Las Vegas, venia de vacaciones y me comentó que su concepto le funcionó muy bien, que vendió el negocio a una empresa nacional por una muy buena cantidad de dinero y ahora él es inversionista de la empresa que lo compró.

Grábate estas 3 lecciones, el que adelante no mira, con razón atrás se queda.

Enfoque y disciplina es el nombre del juego. Asegúrate de enfocarte lo más que puedas para evitar errores que no solo te cuestan dinero, sino que te retrasan en tiempo.

Lo que te voy a decir a continuación en este capítulo sobre algunos errores que he cometido o he visto a mis clientes cometer, no es un escudo. No es para que compres más, es para que compres mejor. Porque un buen inversionista no solo sabe cómo ganar, sino cómo evitar que el dinero se le escape entre los dedos.

Error #1: Comprar sin números claros

Uno de los pecados capitales del inversionista novato es comprar "porque se ve bien". La fachada bonita, la cocina remodelada, el vecindario agradable, lo compro porque puedo... todo eso puede ser parte del paquete, pero **si los números no dan, no compres**.

La fórmula más simple para evaluar un flujo de efectivo es:

Flujo Neto=Ingreso por Rentas–Gastos Totales
Ejemplo:

Tu inversión entre enganche y gastos de cierre con las reparaciones es de $30,000

- Ingreso mensual: $1,800
- Gastos (hipoteca, impuestos, seguros, mantenimiento, vacancia, HOA): $1,650
- Flujo Neto: $150

En este ejemplo $150 por mes por 12 meses = $1,800 al año. $1,800 / $30,000 de inversión equivale al 6% de retorno de inversión.

¿Vale la pena inmovilizar $30,000 de enganche para ganar $150 al mes? Depende, pero si el flujo es tan ajustado, cualquier imprevisto te pondrá en números rojos.

Importante: Haz *due diligence* (haz diligencia, haz tu tarea) financiero antes de hacer una oferta. Calcula flujo neto, retorno de inversión (ROI) y tasa de capitalización (Cap Rate). Una decisión basada en emociones puede costarte años de trabajo.

Error #2: No investigar el mercado

Comprar una buena propiedad en una mala ubicación es como tener un Ferrari en un camino de terracería: no importa lo que tengas, no va a dar el rendimiento esperado.

Investigar el mercado implica:

1. Demografía: Crecimiento de la población, edades predominantes, nivel educativo.
2. Economía local: Tasa de desempleo, salarios promedio, industrias en crecimiento.Seguridad: Indices de criminalidad.
3. Oferta y demanda de renta: ¿Hay lista de espera o sobreoferta?
4. Proyección de plusvalía: Qué proyectos de infraestructura o inversión están planeados.

Un miembro de mi mentoría de ROI by FJ me llamó para pedirme un consejo. Me dijo que la planta automotriz en la que trabajaba había anunciado que se estaban expandiendo, que llegarían más posiciones de trabajo. La pregunta fue: ¿Es bueno comprar casa ahorita sabiendo esto? La respuesta: ¡Claro que sí! Compró y en tres años, el valor de su propiedad subió 48%. Esto no fue suerte: fue investigación.

Error #3: Subestimar los costos ocultos

Muchos creen que "la renta paga la hipoteca" y listo. No consideran:

- Cuotas HOA
- Reparaciones (mínimo 1% del valor por año)
- Seguro
- Impuestos
- Factor vacante
- Honorarios legales

Fórmula de seguridad:

Aparta siempre 10% del ingreso bruto para imprevistos.

Estaba yo impartiendo un taller de trabajo en Houston Texas en el 2023, parte del taller era dar estrategias de crecimiento a los asistentes usando sus propias casas y recursos. Uno de los ahí presentes me dijo:

--- Yo traigo toda la información para que usted me haga una estrategia, pero me gustaría ser el último de todos porque yo ya tengo un muy buen portafolio de bienes raíces y creo que yo sería un buen ejemplo para todos los que están aquí hoy. Ya estuve preguntando entre los asistentes y hasta ahorita no he encontrado a nadie que tenga más propiedades que yo.

--- Claro que sí, con mucho gusto. Además, siempre es excelente cerrar con un ejemplo bueno para que los que están aquí se motiven. ¿Cuántas propiedades tiene?

--- Tengo 24 casas

Llegado el momento sí que fue un gran ejemplo.

El hombre hasta se sentó derechito en la silla, pecho al frente, frente levantada, listo para recibir en su cabeza la corona de laureles en señal de triunfador. Efectivamente tenía 24 propiedades, me dió los números de cada una de ellas. Cuánto costaron, cuánto dio de enganche, cuánto puso en reparaciones, cuanto era el pago de la hipoteca y en cuánto las estaba rentando. Al terminar el rosario y las letanías de todo su portafolio les dije a los asistentes:

--- ¡Este es un claro ejemplo de lo que NO DEBES HACER!

Todo este portafolio de 24 casas le da al dueño un flujo de dinero al mes de $1,200 dólares, esto equivale a un promedio de $50 dólares por puerta.

--- ¡Pero las casas se pagan solas! Me gritó desde su asiento. Solo a 7 de ellas les tengo que poner de mi bolsa un poco de dinero cada mes para cubrir el pago.

--- Si tú me regalas este portafolio, yo no lo aceptaría. No me gusta ni regalado. Tienes una bomba de tiempo ahí. ¿Tú lo administras verdad?

--- Si. También les doy el mantenimiento todos los fines de semana.

--- ¿Cuántas horas crees que le pones a este "negocio"?

--- En mantenimiento como 15 horas a la semana, entre cortar el pasto y arreglar la jardinería de las 24 casas, además unas 8 horas al mes en administración, cobrar rentas, pagar los billes etc. Y luego no sé cuánto tiempo le pongo al mes en reparaciones de cualquier cosa porque esas reparaciones no son todos los meses, sólo de vez en cuando.

--- ¡Pues estas peor! Pídele a Dios que las casas no bajen de valor porque eso es lo único que te tiene pensando que lo estás haciendo bien, porque de flujos efectivos netos en rentas mejor no hablemos. Trabajas un promedio de 68 horas al mes y recibes $1,200 de flujo mensual de efectivo neto, esto equivale a $17.65 dólares la hora, equivalente a $300 por semana, dividido en 7 días equivale a $42.85 por día. Tú lo que tienes es un trabajo mal pagado y lo peor de todo es que el patrón no te va a despedir.

Llámame ave de mal agüero... dos semanas después de este taller llegaron a Houston unas lluvias que para que te cuento, al pobre inversionista le llagaron costos de inundación, de reparación de techo, le subieron el seguro de las propiedades, casi la mitad de los inquilinos no le pagaron por varios meses y no los podía correr porque no sabía cómo hacerlo de la manera legal. Puso a la venta todas las casas (menos en donde él vivía) duraron varios meses en el mercado y cuando por fin se vendieron el terminó con una ganancia de un poco más de $400,000 después de impuestos. Más de 20 años de su vida acumulando casas que no tenían ningún sentido económico comprar.

Ahora se está reinventando, aprendió su lección. Con ese dinero que le sobró de las ventas, compró 2 fourplex en Las Vegas, equivalente a 8 puertas. Paga a una empresa de property management para que las administre, y cada mes le llega a su cuenta de banco en Houston $2,800 dólares libres, más del doble del dinero sin tener que trabajar, con menos puertas y con muchísimas menos responsabilidades.

Error #4: No tener reservas

Tener propiedades sin reservas es como ser piloto sin paracaídas.

Mi regla es el 6x: Guarda el equivalente a seis meses de gastos fijos de la propiedad.

Ejemplo: Si tu gasto mensual total (hipoteca, seguros, impuestos, mantenimiento) es de $1,500, tu reserva mínima debe ser $9,000. Esto te da oxígeno para sobrevivir crisis temporales sin vender.

Uno de mis clientes mantuvo sus propiedades a flote después de que lo despidieron de su trabajo gracias a sus reservas. Mientras otros vendían con pérdidas, él aguantó y luego refinanció con tasas históricamente bajas, no solo le bajaron los pagos, sino que sus flujos de efectivo mensual subieron, de esa manera sus retornos de inversión también se miraron más fuertes.

Error #5: Caer en trampas de financiamiento

Un interés bajo no siempre significa un buen préstamo. He visto créditos con tasas "promocionales" que después se disparan y destruyen el flujo de efectivo.

Revisa siempre:

- Tipo de tasa (fija o variable)
- Intereses solamente o pago de interés y principal
- Penalidades por pago anticipado
- Seguros obligatorios
- Cargos ocultos

Ejemplo: Un inversionista aceptó un ARM (tasa ajustable) al 3.2%. Tres años después, subió al 6.5% y su pago mensual aumentó $520. No pudo sostenerlo.

¿Es malo este tipo de programa? No.

Lo malo no haberlo entendido. Lo malo es no estructurarte con una estrategia desde el momento de la compra o adquisición del programa.

Error #6: No inspeccionar la propiedad

La peor frase que he escuchado: *"Yo la revisé, se ve bien"*.

Una inspección profesional cuesta entre $300 y $600, pero puede ahorrarte miles y miles de dólares y también dolores de cabeza.

Checklist de inspección crítica:

1. Cimientos

2. Techo

3. Piso

4. Estructura de la propiedad

5. Asbestos

6. Sistema eléctrico

7. Plomería

8. HVAC (Sistema de calefacción y aire acondicionado)

Junto con un inversionista me metí a comprar una propiedad para renovarla y venderla por una ganancia, un fix and flip. Resulta que hicimos todo como dice el libro. Todas las inspecciones llegaron de parte de un profesional, el resultado fue que todo estaba en orden, nada del otro mundo. Resulta que al empezar a hacer las remodelaciones descubrimos muchas cosas que era imposible para el inspector haberlas sabido, entre ellas encontramos asbestos y eso nos disparó los costos que al final ya no era ganancia sino perdida.

Tuve que ponerle el pecho a las balas, recuperar el dinero de mi inversionista, poner dinero de mi bolsa y cambiar la estrategia.

En lugar de venderla con perdida, la rentaría con un ROI del 4.75%. Según mis propios estándares, esto no es un buen negocio para mí, pero es más importante mi relación con el inversionista que mi utilidad económica. No siempre las cosas te salen bien o como esperabas, lo importante es actuar, aprender y volverlo a hacer con mayores conocimientos. Recuerda que para la que cuña apriete tiene que ser del mismo palo.

Error #7: Subestimar la gestión de inquilinos

La propiedad puede ser excelente, pero si el inquilino no paga o destruye la casa, tu inversión se convierte en dolor de cabeza.

Errores comunes:

- No verificar historial de pago
- No pedir referencias
- No tener contrato detallado
- Ser demasiado flexible con pagos atrasados
- Hacerlo tú en lugar de tener los servicios de un property mánager

Este último punto es una regla de oro: Compra propiedades que puedas administrar profesionalmente o contrata a alguien que lo haga.

Suele suceder que mis clientes a menudo me dicen que uno de los errores más comunes que cometen es: Rentar sus propiedades a familiares.

Lo puedo entender. Por favor no me lo tomes a mal, se trata de que tú tienes un negocio y no un portafolio de beneficencia familiar publica... muchas veces la familia abusa. Yo soy Profamilia al 100%, considero que es una bendición poder ayudar a familiares, pero la verdad, a muchos les das la mano y se toman la pata, la pierna completa.

Cuando rentas tu propiedad a amigos cercanos o a familia es común que escuches cosas como estas:

¡No seas malo espérame un poquito con la renta, estoy ajustado este mes con el dinero!

¿Eres familia me vas a cobrar igual que a todos?

¡No me digas que me vas a subir la renta!

¿Oye, ya ni la chingas, mi casa, bueno tu casa necesita un montón de reparaciones y pintura nueva, como es que me tienes aquí viviendo si soy tu familia? Necesito que la repares y lo hagas rápido.

Oye, tú tienes dinero y varias propiedades, ayúdame un tiempo y no me cobres renta en lo que me empieza a ir mejor.

¿Lo has escuchado? ¿Te suena familiar? ¡Si aun no lo has vivido... estás de suerte! Obviamente no todos son iguales, hay algunos peores que otros.

Error #8: Ignorar la salida

Siempre compra pensando en cómo vas a salir. Puede ser:

- Venta rápida (flip)
- Renta a largo plazo
- Refinanciamiento

Herramientas para blindarte contra errores

1. Lista de chequeo previa: Ubicación, números, inspección, financiamiento, salida.
2. Plantilla de análisis financiero: ROI, Cap Rate, Flujo Neto.
3. Checklist legal: Contratos, cláusulas, derechos del inquilino.
4. Fuentes confiables: Zillow, Redfin, datos del censo, chamber of commerce local.

En lo personal a mí me gustan las salidas a largo plazo. Compro una propiedad clase C, la pongo bonita, la rento, capitalizo en las rentas con un buen retorno, proyecto el aumento del valor de la propiedad, hago cálculos matemáticos (UFF) para cancelar deuda del principal con pagos estratégicos y luego más o menos en 2.5 a 3 años después, la vendo.

Dicha venta tiene que ser porque voy a comprar con ese dinero por lo menos 2 propiedades y así multiplicar mi portafolio, de lo contrario no vendo.

María, un cliente mío llegó a USA proveniente de México, desde que entró al país llegó a una familia para cuidar a los hijos pequeños. La querían tanto en esa casa que no era necesario que viviera en otro lugar, ahí le daban techo.

Los años pasaron y los niños crecieron, aunque ya la sentían como parte de la familia y no le pedían que se fuera, al contrario, le decían que ahora se quedara cuidando a los abuelos y padres, ella quería invertir en su primera propiedad, quería tener su propia casa, no importaba que no viviera ahí, la quería como inversión.

Estuvo a punto de cometer tres errores: comprar sin analizar números, firmar un préstamo con tasa ajustable (sin entenderlo) y saltarse la inspección.

Después de asistir a una de mis conferencias en Carolina del Norte, corrigió el rumbo:

- Encontró una propiedad con flujo positivo de $520 al mes.
- Negoció tasa fija al 5.125%.
- Detectó problemas eléctricos que el vendedor reparó antes del cierre.

En este 2025 María tiene cuatro propiedades, (esta soltera por si quieren que se las presente) tiene ingresos pasivos que superan su sueldo que tiene y, lo más importante, la tranquilidad de saber que sus decisiones están blindadas contra errores costosos.

La diferencia entre un inversionista aficionado y uno profesional no está en cuántas propiedades tienen, sino en cuántas pérdidas han evitado. En bienes raíces, proteger tu capital es el primer paso para multiplicarlo. Ya lo dijo el magnate de Wall Street, el señor Warren Buffett:

Regla número 1: Jamás perder dinero.

Regla número 2: Nunca olvidar regla número 1.

La bendición de que te digan que NO.

Muchas personas se frustran o pierden el ánimo y el interés cuando alguien les dice que no. La palabra NO tiene ya una connotación negativa:

"NO vas a poder hacerlo" "NO lo intentes, vas a perder" "NO naciste para tener éxito" "NO tengo dinero"

¿Cuántos otros NO te has encontrado en la vida? Esto ya para muchos es suficiente como para tirar la toalla, para rendirse. Pero ¿Qué tal si educamos a nuestra mente a pensar diferente sobre un NO?

¿Imagínate si al NO que escuchemos con un tono negativo lo convertimos mentalmente en una bendición?

Cuando un banco te niegue un préstamo hipotecario, por ley te tiene que decir

¡por que NO te lo dieron! Ese NO que el banco te lo dió como una razón, es una bendición. Cambia de enfoque. Saber el motivo de esa negación bancaria es un objetivo de conquista, es razón suficiente para ponerte a trabajar y convertir el NO del préstamo en un: SI estas aprobado.

¿Te negaron el préstamo porque tienes mal crédito? Repáralo.

¿Te negaron el préstamo porque no tienes buenos ingresos? Busca otro empleo o pide aumento en el trabajo que tienes.

¿Te negaron el préstamo porque tienes muchas deudas? Enfócate en pagarlas.

Y así, una por una puedes analizar todos los NO que te han dado en tu vida y no durarás mucho en encontrar las bendiciones de saber lo que debes de hacer para que ese despreciable NO se convierta en un exitoso SI.

El éxito lo encuentras después del miedo:

Martin Luther King Jr.

"Da el primer paso con fe. No tienes que ver toda la escalera, solo da el primer paso."

CAPÍTULO VII

El Futuro del Mercado Inmobiliario

"El que sabe hacia dónde va el mercado nunca camina a ciegas... camina con ventaja."

Mirando hacia adelante con los pies en la tierra.

Cuando hablo del futuro del mercado inmobiliario, no me refiero a jugar a la adivinanza. Hablo de leer las señales, de interpretar los números, de entender cómo los factores económicos, políticos, sociales y tecnológicos influyen en algo tan básico y necesario como tener un techo.

El mercado de bienes raíces en Estados Unidos siempre ha sido una montaña rusa: subidas, bajadas, caídas y recuperaciones. Pero si hay algo que lo distingue de cualquier otra inversión es esto: **a largo plazo, los bienes raíces siempre suben**. La tierra es finita, ya no hay más, la población sigue creciendo, y la necesidad de vivienda nunca desaparece.

Hoy vamos a ver hacia dónde se dirige el mercado en la próxima década, qué tendencias van a definirlo y, sobre todo, cómo tú puedes aprovechar esas tendencias para estar del lado correcto del juego.

➢ El panorama actual del mercado (2024–2025)

Para entender el futuro, primero tenemos que ver dónde estamos parados. Datos clave del mercado actual en este 2025:

• El precio promedio de la vivienda en EE. UU.

ronda los $420,000 dólares, según la National Association of Realtors (NAR).

- Las tasas hipotecarias a 30 años se han mantenido alrededor del 6.6% (Freddie Mac, enero 2025).
- Existe un déficit de más de 3.2 millones de viviendas en el país (NAR, 2024).
- Los millennials (25–44 años) representan el 43% de los compradores de vivienda, mientras que la Generación Z comienza a entrar con fuerza al mercado (NAR Home Buyers and Sellers Report, 2024).
- La inmigración neta hacia EE. UU. volvió a crecer, con más de 3 millones de nuevos residentes en 2023–2024 (U.S. Census Bureau).

Esto nos dice algo claro: hay más demanda que oferta. Y mientras la ley de oferta y demanda exista, el mercado inmobiliario seguirá teniendo un futuro sólido.

➤ Tendencias demográficas que moldearán el mercado.

La población es el motor del mercado. ¿Quiénes van a necesitar casas en los próximos 10–20 años?

- Crecimiento hispano en EE. UU.: Para 2060, los hispanos representarán casi el 30% de la población estadounidense (Pew Research Center). Hoy ya somos más de 62 millones y cada año millones más entran en edad de comprar vivienda.

- Generación Z entrando al mercado: Jóvenes de entre 18 y 28 años están saliendo de casa, terminando la universidad y buscando su primera vivienda. Según Realtor.com, para 2030 representarán el 30% de los compradores de vivienda.
- Boom en rentas multifamiliares: La urbanización y la movilidad laboral hacen que los apartamentos y multifamiliares sean más atractivos que nunca.

La demanda de vivienda no solo va a crecer, va a transformarse. Quien entienda qué quiere cada generación (los millennials buscan suburbios, la Gen Z busca movilidad, los boomers buscan downsizing) podrá invertir con ventaja.

Uno de mis inquilinos me dijo en el 2021 justo durante la pandemia de COVID que mirando las noticias y escuchando mi podcast se dio cuenta que los intereses de préstamos hipotecarios estaban muy bajos, que ya no iba a renovar su contrato de renta, que ya era tiempo para comprar.

En ese momento este inquilino era uno de los últimos en saber que yo era el dueño de la propiedad (hoy ninguno de mis inquilinos sabe quién es el dueño, el 100% de mis propiedades las maneja una empresa de property managament. Esa distancia entre inquilino y dueño, que el inquilino no sepa quién es el propietario y solo se dirijan a una empresa a cargo de la administración de la propiedad, te quita un dolor de cabeza y puedes mirar tu portafolio como lo que es...Un negocio. No permitas que en el negocio de bienes raíces te gane el sentimiento o te ates a las vidas de tus inquilinos)

Cuando el inquilino me dijo que ya era tiempo de comprar, hice con él lo que he hecho con muchos:

--- Si quieres que yo te represente en la compra de tu casa, en agradecimiento a todo el tiempo que me pagaste renta, te voy a regresar mi comisión para que te ayudes con tus gastos iniciales de vivienda.

Me agradeció el gesto y terminamos la conversación, faltaban 2 meses para que se terminara el contrato de renta, yo pensé que en un par de semanas me estaría hablando para iniciar los trámites de compra. Paso un mes y nada, pasaron 2 meses y ni sus luces, en el tercer mes ya fuera de contrato me mandó el pago de la renta, cuarto mes y lo mismo... La curiosidad mató al gato y pues no me aguanté en llamarlo para preguntarle que estaba pasando. Este señor tenía remordimientos y mucho miedo.

--- Los intereses efectivamente están muy bajos Flavio, pero ¿Qué tal si empiezan también por la pandemia a bajar las casas? Creo que me voy a esperar a ver qué pasa.

--- Si las casas bajan de valor, los intereses suben. Si compras la casa con una tasa de interés tan baja como la que está en este momento, tendrás un pago muy bajo también, si le atinas y las casas bajan de valor... mientras no vendas no vas a perder, te juro que las casas volverán a subir de valor, pero los intereses quizá ya no vuelvan a estar como están ahora.

--- ¿Y qué tal que me corran del trabajo? ¿Y si me enfermo de COVID? ¿Qué va a pasar con mi casa? ¡No la voy a poder pagar!

--- Si no compras la casa te puede pasar lo mismo si aun estas rentando, si me dejas de pagar la renta... te saco de la propiedad. Te aseguro que yo te voy a sacar más o menos al segundo mes que no pagues, mientras que el banco intentara negociar contigo por lo menos 7 meses después de que la hayas dejado de pagar. ¡No seas burro! A mí me conviene más que te quedes rentando, y a ti te conviene más que empieces a forjar tu patrimonio.

--- No he podido ni dormir pensando que voy a hacer. Necesito pensarlo un poco más.

4 años después lo sigue pensando. Ni el COVID lo

mató, ni lo corrieron del trabajo y tampoco las casas bajaron de valor. Los intereses subieron, las casas también. Así como se miran las cosas, tendré inquilino por muchos años más.

➢ El impacto de la tecnología en bienes raíces.

La tecnología está revolucionando el mercado.

- Inteligencia Artificial (IA): Hoy ya existen plataformas que analizan millones de datos de propiedades para predecir precios, rentas y riesgos. El inversionista que use IA tendrá una brújula más precisa que el que se guíe por instinto.
- Blockchain y contratos inteligentes: Se prevé que en la próxima década muchas transacciones inmobiliarias se hagan con *Smart contracts*, reduciendo fraudes y acelerando cierres.
- Realidad virtual y aumentada: Comprar casas sin visitarlas físicamente ya es una realidad. Esto abre el mercado a inversionistas extranjeros y compradores que confían en tours virtuales.
- Tokenización de bienes raíces: Propiedades fraccionadas en blockchain permitirán invertir con menos capital. Imagina comprar "acciones" de un edificio en Nueva York igual que compras acciones de Tesla.

Dato: Según *Deloitte 2024 Real Estate Outlook*, el 70% de las empresas inmobiliarias ya invierten en IA y blockchain.

Tasas de interés e inflación: El gran regulador

Las tasas hipotecarias son como el termómetro del mercado.

- En 2021 vimos tasas históricamente bajas de 2.7%. Eso disparó los precios.
- En 2022–2023 subieron hasta el 7.5%, lo que enfrió las compras.
- Para 2025, se espera que la Reserva Federal mantenga tasas estables alrededor de 6–6.5% hasta controlar la inflación.

Según Fannie Mae (enero 2025), las tasas podrían bajar gradualmente hacia el 5% en 2026–2027.

¿Qué significa esto para ti como inversionista?

1. El corto plazo seguirá siendo caro financiar, pero aun así la demanda se mantiene alta por el déficit de vivienda.

2. Cuando bajen las tasas, habrá otra explosión de compras.

3. Compra ahora lo que puedas negociar bien y refinancia en el futuro cuando las tasas bajen.

Un buen inversionista lo hace con el cerebro y no con el corazón. No importa cómo están los intereses, tienes que entenderlos, no importa si los precios de las casas subieron o bajaron, tienes que adaptarte a los caprichos del mercado. Los intereses los pagan tus inquilinos y también los inquilinos pagan tus propiedades.

➢ Cambio climático y sostenibilidad.

El futuro de los bienes raíces también estará marcado por el medio ambiente:

- Ciudades costeras como Miami y Nueva York enfrentarán riesgos de inundaciones por el aumento del nivel del mar (NOAA, 2024).
- Estados como California y Nevada ya sufren sequías extremas que encarecen seguros y servicios.
- Al mismo tiempo, crece la demanda de viviendas sostenibles: paneles solares, eficiencia energética, materiales ecológicos.

Según *McKinsey & Company (2024)*, para 2030 más del 40% de los compradores en EE. UU. priorizarán la eficiencia energética en sus decisiones.

En algunos estados como en La Florida, muchos han visto reducidos sus retornos de inversión gracias a el cambio climático. Los huracanes e inundaciones han hecho que los seguros incrementen drásticamente su costo haciendo que muchos inversionistas pierdan sus flujos mensuales positivos y en algunos casos la inversión se convierta en mala. Este tipo de "costos adicionales" que hacen que disminuya nuestra ganancia, se pueden minimizar si se hace un estudio previo de las proyecciones del mercado inmobiliario.

Algunos de estos costos están fuera de nuestro control y de un momento a otro al igual que un huracán, nuestras inversiones pueden cambiar de ser positivas a negativas. En el caso de Florida, muchos de mis clientes están optando por rentar las habitaciones en lugar de la casa completa. En ese estilo de renta la propiedad de 3 recamaras se convierte en 3 inquilinos, como quien dice en un 3plex. La necesidad de vivienda es tan grande que hasta los inquilinos optan por rentar una habitación (más barato) que rentar la casa completa.

Se necesita que todos los habitantes de la tierra tomemos conciencia para revertir este cambio climático, cada uno de nosotros tenemos que aportar nuestro granito de arena. Para los que no creen en el cambio climático, está bien. Si no hacen cambios en sus hábitos por no creer, que lo hagan por contribuir con una ciudad más limpia y con cambios aceptando la tecnología de energía renovable.

➢ Globalización e inversionistas extranjeros

Los bienes raíces en USA siempre han sido atractivos para capital extranjero.

- En 2023-2024, compradores internacionales invirtieron más de $53,3 mil millones de dólares en propiedades residenciales en EE. UU. (NAR).

- Los principales inversionistas provienen de: China, Canadá, México, India y Colombia.
- Ciudades como Miami, Houston, Nueva York y Los Ángeles son los destinos favoritos.

Esto significa que el mercado de EE. UU. es global. Y si el inversionista extranjero compra aquí, es por algo: estabilidad, seguridad jurídica y rentabilidad.

Mientras que el dólar este fuerte ante la moneda de otros países, siempre será atractivo invertir en bienes raíces en USA, reciben sus ganancias en dólares y al momento de convertirlos a su moneda nacional es muy redituable. Yo vivo en Las Vegas Nevada, y es un destino turístico internacional.

Es muy común que mis clientes locales de Las Vegas sean visitados por familiares y amigos de sus países. Muchos de ellos vienen a mi oficina en calidad de turistas y se regresan a sus países como inversionistas extranjeros.

Imagínate por ejemplo a mi cliente extranjero Miguel, vino de vacaciones en septiembre del 2024 desde Jalisco México, para enero del 2025 ya tenía un 4plex en Las Vegas. Sus ingresos netos por concepto de renta son de $1,250 dólares por mes. Ahora bien, si tomas en cuenta que un salario promedio de profesionistas y técnicos en México es equivalente a $500 dólares mensuales, Miguel tiene ingresos de 2.5 trabajos adicionales en su casa, esto sin contar la plusvalía o ganancia de valor del 4plex, agrégale también que cada año las rentas suben entre un 5% y 7%.

Con estas estadísticas no es difícil entender porque cada día más y más extranjeros optan por invertir aquí en Estados Unidos.

➢ El futuro para los hispanos en el mercado inmobiliario Aquí viene lo más importante para mí y para ti.

Los hispanos no solo somos la minoría más grande de Estados Unidos, somos también la fuerza compradora que más crece.

- Entre 2010 y 2023, los hispanos representaron más del 50% del crecimiento en propietarios de vivienda en USA (Urban Institute, 2024).
- La tasa de propiedad hispana alcanzó el 48.6% en 2023 y sigue subiendo (U.S. Census).
- Para 2040, se espera que 6 de cada 10 nuevos compradores de vivienda sean hispanos (Urban Institute).

Esto significa que el futuro del mercado inmobiliario está en nuestras manos. La próxima generación de inversionistas, desarrolladores, agentes y dueños de portafolios será en gran parte latina.

Que buena oportunidad para demostrar que los

latinos somos mucho más que mano de obra barata. ¿Cuántos de nosotros vamos a asumir la responsabilidad de este crecimiento de población? ¿Vamos a asumir también la responsabilidad financiera que representa? El futuro se mira muy prometedor, ahora mismo muchos están con la incertidumbre de inmigración, las redadas y ICE; pero por muy triste y difícil que se miren estas circunstancias, les prometo que a los latinos aquí en Estados Unidos no nos para nadie, ya rebasamos el punto de NO RETORNO, ya nuestra historia en este país esta cimentada y no dará vuelta atrás. Debemos tener consciencia de lo que esto representa, sabiduría para cambiar la perspectiva de lo que los demás piensan de nosotros y el coraje de enfrentar la realidad con optimismo, sensatez, integridad, compromiso y seriedad.

➤ Estrategia para navegar el futuro

Con todo lo que hemos visto, quiero dejarte puntos claros que te van a servir como brújula:

1. Compra en mercados con crecimiento poblacional (Texas, Florida, Arizona, Nevada, Carolina del Norte) son estados que puedes invertir y también usar como referencia.

2. Invierte en multifamiliares: la renta seguirá en auge porque no todos podrán comprar casa. Estados Unidos se está convirtiendo en un país

de inquilinos.

3. Apuesta por sostenibilidad y tecnología: casas eficientes energéticamente, edificios y estructuras inteligentes.

4. Educa a tu familia en bienes raíces: el futuro pertenece a quienes sepan jugar este juego. Cada oportunidad que tengas habla con tus hijos sobre su futuro, la diferencia entre estar preparados y no, es la clave para asegurar un futuro con libertad financiera.

5. No esperes a las tasas bajas para invertir: la oportunidad está en comprar bien, no en comprar barato.

El futuro no se espera, se construye.

El futuro del mercado inmobiliario es brillante, pero no para todos. Será brillante para los que se preparen, para los que entiendan los números, para los que inviertan con visión.

La pregunta no es si los bienes raíces seguirán subiendo porque lo harán. La verdadera pregunta es: ¿Vas a ser espectador o protagonista de ese futuro?

En la próxima década veremos la mayor transferencia de riqueza de la historia de Estados Unidos, y tú tienes la oportunidad de estar del lado ganador.

Tienes que hacer el cambio del miedo a la visión.

Cuando hablo del futuro, me acuerdo de un joven que pertenece a mi grupo de mentoría, él vive en Dallas, para proteger su identidad le llamaré Andrés. Él trabajaba de noche en un almacén y me decía:

--- Flavio, yo no sé si el mercado va a colapsar. Tengo miedo de meterme en una hipoteca con estas tasas altas. ¿Y si me equivoco?" (Lo mismo que me han dicho muchos)

Le contesté algo que te quiero repetir a ti: "El miedo siempre existirá, pero las oportunidades no siempre estarán."

Andrés decidió dar el paso. Compró un dúplex en el 2023, cuando las tasas estaban al 7%. Todos sus amigos lo criticaban, le decían que estaba loco. Pero él entendió la visión: podía rentar un lado y vivir en el otro, reduciendo sus gastos.

Hoy, apenas dos años después, su propiedad subió más de $70,000 dólares en valor. No solo eso, ahora cobra renta que le paga la hipoteca completa. Y cuando las tasas bajen en los próximos años, refinanciará y quedará con un pago más bajo todavía.

¿El secreto? No fue adivinar el futuro. Fue atreverse a construirlo.

El futuro del mercado inmobiliario no está escrito en piedra, pero sí en las tendencias que ya vemos hoy. Los que entienden eso, se preparan, estudian y actúan, serán los dueños de ese futuro.

Como siempre les digo a mi audiencia en mi podcast y mis conferencias:

"La casa que compras hoy no es solo ladrillo y cemento... es la semilla de la libertad financiera que mañana dará frutos para tus hijos y tus nietos. Riqueza generacional es la meta de un inversionista que mira con visión y planea a futuro.

El éxito lo encuentras después del miedo:

Mahatma Gandhi

"La fuerza no proviene de la capacidad física sino de una voluntad indomable."

(Un recordatorio de que la valentía surge cuando se supera el miedo.)

CAPÍTULO VIII
Construye tu Imperio

"Un imperio no se hereda, se construye. Y empieza en la mente, no en los ladrillos."

El concepto de imperio

Cuando escuchamos la palabra *imperio*, muchos piensan en castillos, coronas o ejércitos. Pero en el mundo moderno, un imperio se construye con activos, con visión, con decisiones estratégicas que crean riqueza, influencia y libertad. En este capítulo quiero hablarte de cómo puedes construir **tu propio imperio inmobiliario y financiero**, aunque hoy pienses que no tienes dinero, contactos o experiencia suficiente.

El secreto está en entender que un imperio no se levanta de la noche a la mañana. Roma no se construyó en un día, ni tu imperio tampoco se construirá. Pero cada acción que tomes, cada propiedad que compres, cada crédito que uses inteligentemente, cada relación que construyas es un ladrillo que se suma a tu legado.

El primer paso es aceptar que <u>sí puedes.</u> Porque lo más difícil no es la falta de dinero, es la falta de visión. En este capítulo vamos a expandir tu visión.

Antes, los imperios eran construidos a base de conquistas, guerras, esclavos, monarquías y religión. Hoy en la actualidad los imperios se hacen con conocimiento del sistema, relaciones públicas, mentores, educación y mucha acción.

Vale la pena mencionar que debes saber y calcular de qué tamaño quieres tu imperio. ¿Lo quieres lo suficientemente grande para que llegues a una vejez digna?

¿Lo quieres para asegurar también el futuro de tus hijos? ¿Lo vas a construir para tener una riqueza generacional? Honestamente te digo que vas a usar la misma energía pensando en cualquiera de estas preguntas, lo único que va a cambiar es el tiempo en conseguirlas.

Porque no es lo mismo decir: Se avecina una tormenta, que la vecina me atormenta. Tienes que saber que quieres, tienes que saber en donde estas parado.

La mentalidad imperial. Antes de levantar edificios y comprar propiedades, debes levantar tu mentalidad.

Un imperio no lo sostiene el dinero, lo sostiene el carácter del que lo construye.

La mayoría de las personas se conforman con sobrevivir: tener una casa, un trabajo estable y quizás un ahorro. Muchos aquí en Estados Unidos solamente se levantan en la mañana para seguir muriendo, como dijo Benjamín Franklin: Algunas personas se mueren a los 30 años, pero los entierran hasta los 75. Esto es en relación directa a que desde muy temprano en la vida se quedan sin ilusiones, sin un objetivo que cumplir, sin rumbo ni dirección en su proyecto de vida y entran en el conformismo, la apatía y el "estoy sobreviviendo" "es lo que quiere Dios". Pero los que piensan en grande, los que piensan en construir un imperio, saben que la abundancia no se mendiga, se conquista. Saben que nada ni nadie les dará nada, tienen que salir a partirse la madre y trabajar con inteligencia. Saben también que lo que de verdad importa y hace que tengas progreso en esta vida es lo que haces en tus tiempos libres, lo que haces en soledad.

Tres principios de mentalidad imperial:

1. **Visión más allá de ti**: Riqueza generacional. Un imperio no se construye para pagar la renta del mes, se construye para generaciones. Pregúntate: *¿Qué quiero dejarle a mis hijos y a los hijos de mis hijos?*

2. **Resiliencia inquebrantable**: Todo constructor de imperios enfrenta crisis: recesiones, deudas, errores, estrés, incomprensión, angustia, criticas, envidias, malos comentarios, calumnias, decisiones difíciles de tomar, traiciones y competencia con la gente que tú mismo ayudaste. Lo que te distingue es tu capacidad de levantarte más fuerte que antes, de nunca darte por vencido, de

decir: Este juego no termina hasta que yo gane.

3. **Acción imparable**: La visión sin acción es un sueño. La acción sin visión es desgaste. Necesitas ambas, como las alas de un ave. ¿De qué chingados te sirve saber mucho si nunca vas a hacer nada? Arranque de caballo y parada de burro.

El terreno de tu imperio: bienes raíces

Si fueras un emperador en la antigüedad, conquistarías tierras. Hoy, las tierras que conquistas son bienes raíces.

La diferencia entre alguien con un ingreso promedio y alguien con un imperio es la propiedad de activos. La persona promedio trabaja por dinero; el constructor de imperios hace que el dinero trabaje para él, a través de propiedades que generan renta, plusvalía y flujo constante.

Fórmula básica de un imperio:

Imperio = Activos productivos + Sistema financiero + Red de influencia

- *Activos productivos*: Propiedades que generan flujo positivo de efectivo mensual y crecen en valor.
- *Sistema financiero*: Bancos, inversionistas

privados y créditos que utilizas como herramientas, no como cadenas.

- *Red de influencia*: Personas clave que multiplican tus resultados: mentores, socios, clientes, inquilinos.

De propiedad a imperio.

No necesitas empezar con un edificio de 50 departamentos. Muchos de mis clientes comenzaron con una sola casa, otros empezaron con un *dúplex* o un *tríplex*. Esa primera propiedad es el primer ladrillo de tu imperio. El paso más difícil es el primero, es empezar.

El error más común es pensar: "Cuando tenga dinero, empiezo." No cometas ese error. Empieza hoy. Empieza con lo que tengas, usando financiamiento inteligente, alianzas y estrategias creativas. Si aun no las tienes, búscalas. Si aun no sabes cómo, edúcate. Si tienes miedo, hazlo... con miedo o pavor, pero hazlo. Es la única manera de construir tu imperio. Te juro que nadie en este mundo nació sabiendo, o come me dijo mi abuelo: Nadie nació enseñado.

Estrategia paso a paso:

1.- Primera adquisición inteligente

- Compra una propiedad que se pague sola con la renta y que te deje una ganancia mensual.

- Aunque la ganancia sea pequeña, lo importante es que no salga dinero de tu bolsillo. Aprende a calcular el ROI (Retorno de inversión)

2.- Apalancamiento estratégico

- Reutiliza la plusvalía de esa propiedad para comprar la siguiente. Ya sea porque la vendes o porque accesas a la plusvalía en forma de HELOC o Cash-out refinance.
- Usa el dinero de otros para hacer dinero tu. OPM

Ejemplo: Una casa comprada en $200,000 sube a $260,000 en tres años. Usas un HELOC o un *cash-out refinance* para retirar $40,000 y comprar otra.

3.- Efecto reacción en cadena / efecto domino.

- Cada propiedad genera renta. Con varias propiedades, tienes flujo positivo que se reinvierte en más compras.
- En 10 años, lo que empezó con una propiedad puede convertirse en un portafolio de 10 o 15 inmuebles. Este ya es in portfolio millonario digno de pasar a las siguientes generaciones.
- Uno de los más grandes errores que he visto en las personas que invierten sin tener un objetivo claro de su futuro es que se gastan

todo el dinero que les generan sus inversiones. El secreto es RE- INVERTIR.

Estoy de acuerdo que te des tus gustos y que compres tus caprichos, pero tiene que ser con medida. Mientras no llegues a tu objetivo final, limita tus caprichos y reinvierte tus ganancias en más propiedades que generen más ingresos, invierte en más activos. Recuerda, no es cuánto dinero generas, es como usas ese dinero.

4.- Sistema de protección

- A medida que tu imperio crece, debes blindarlo: seguros, estructuras legales, fideicomisos. El imperio no es solo comprar, es proteger lo construido.

Aquí ya debes tener un abogado experto en protección de bienes. Con este tipo de portafolio no debes de dejar nada a la deriva ni a merced de los imprevistos que te puedan pasar.

Llegó a mi oficina una mujer bañada en llanto, la administración actual del presidente Trump le mandó a su esposo a México con todos los gastos pagados y con el boleto de avión de ida solamente. Lo deportó. Resulta que el esposo dejó en Estados Unidos a su esposa, 4 hijos menores, 3 casas y más de $1 millón de dólares en deuda. Todo esto sin ninguna clase de protección. Las 3 propiedades solo estaban a nombre de él, los préstamos en cada casa también, así como los autos y 7 tarjetas de crédito. Para acabarla de amolar, las cuentas de banco estaban también solo a nombre del deportado.

--- ¿Qué puedo hacer? No tengo idea ni por donde empezar, yo no trabajo y no tengo familia aquí.

--- ¿A qué parte de México mandaron al bulto?

--- A un pueblo en el Estado de México, cerca de la ciudad.

--- ¿Como están los pagos de las casas? ¿Están al corriente? ¿Está usted colectando las rentas de las 2 propiedades que tiene en alquiler?

--- Pues apenas voy a cobrar la renta, también este mes que viene voy a tener que hacer los pagos de todo y la verdad no tengo dinero y en el banco no aparezco como dueña, estoy desesperada y me dijeron que usted me puede ayudar.

--- Lo único que se me ocurre es que vaya usted con el abogado Kevin Johnson, él se especializa en protección de bienes. Dígale al abogado que le haga una carta poder para o lo que sea necesario para cada una de las casas, para cada una de las deudas de las tarjetas y de los autos, pero sobre todo que le haga una carta poder o el documento adecuado para accesar las cuentas de banco. Se las tiene que mandar a su esposo y el en cuanto las reciba tiene que ir al Consulado Americano de la ciudad de México para que sean firmadas y notarizadas ahí mismo dentro del consulado.

Pasaron varias semanas y la mujer regresó a mi oficina, tenía otros problemas.

--- Conseguí todo lo que me dijo, el abogado me ayudó y tengo ya todos los documentos para hacer los cambios necesarios. Pero...

--- ¡Ya valió! ¿Cuál es ese, Pero...?

--- El abogado me mando con usted porque las 3 casas, los autos y las tarjetas fueron adquiridas con un seguro social falso que mi esposo utilizaba para trabajar. ¿Ahora qué sigue?

--- Salir del fraude. Eso es lo que sigue. ¿Qué es lo que ustedes planean hacer como familia?

--- Mi esposo quiere que vendamos todo y me lleve el dinero a México, La penalidad es de 10 años para que él pueda regresar. La única que puede pedirlo es mi hija mayor cuando cumpla 21 años y pues apenas tiene 14, para cuando mi esposo cumpla los 10 años de castigo ella podrá pedirlo.

--- Y tu sigues enamorada del bulto? ¿De verdad te hace falta? Entre todo el desmadre que te dejó también es fraudulento el pinchi.

--- La verdad si lo quiero, y pues a mis hijos les hace falta. ¿Pero porque me lo pregunta? ¿Qué tiene que ver eso con todo lo que estamos pasando?

--- Porque esta es tu oportunidad de deshacerte de él. ¿Para qué quieres a un hombre que no protegió a su familia y lo que hizo fue todo a manera de fraude? ¿Que pinchi necesidad de hacerlo así cuando todo se puede hacer de la manera correcta? ¡Quédate con todo, al fin que ya te firmo lo que necesitas! ¡Hasta nunca Chuy!

Los dos nos echamos a reír, por unos momentos a ella se le olvidó la situación en la estaba, mi broma sarcástica la sacó de una realidad muy difícil, (¿O quizá si se le ocurrió mandarlo a volar?)

En donde está el botón está el ojal. Ella vendió todo en Julio y se fue a seguir al amor. El hubiera no existe, así como también ya es muy tarde tapar el pozo cuando se ahogó el niño. Pero.... Si el marido hubiera hecho todo bien desde el principio, sin cometer fraude, poniendo sus propiedades en una LLC y éstas a su vez en un trust o fideicomiso, no hubieran necesitado vender nada, tendrían sus rentas en dólares, gastando pesos en México y si de aquí a 10 años él se legaliza, regresarían a Estados Unidos con un patrimonio millonario, tendrían a donde llegar y seria legalmente suyo junto con toda la plusvalía de sus 3 propiedades.

- **Las finanzas del imperio**

Un constructor de imperios entiende las matemáticas del dinero. Fórmula del crecimiento exponencial:

Riqueza = (Flujo de efectivo positivo + Plusvalía) × Tiempo. Esto se gana con casas o propiedades que se quedan en tu portafolio, no con propiedades que vendes.

Ejemplo:

- Compras una propiedad de inversión, un 4plex de $650,000 con 25% de enganche equivalente a $162,500.
- El pago de hipoteca mensual al 7% de interés fijo, interese solamente es de:

$2,843.75 más $1,000 al mes de impuestos o taxes sobre la propiedad y seguro dando un total de: $3,843.75

- Las rentas son de $1,400 por cada unidad equivalente a ingresos mensuales de
- $5,600
- $5,600 - $3,843.75 = $1,756.25 → flujo positivo mensual
- Esto representa un ingreso anual de $21,075

que se traduce a un 13% de ROI.

- En 10 años, generaste $ 210,750 en flujo (sin subir la renta en 10 años)
- Agrégale además la plusvalía de $ 223,545.65 (con un 3% de incremento de valor anual) Para un total de: $434,295.65 entre rentas y plusvalía.
- Tu inversión inicial de $162,500 se multiplicó. Estas son las matemáticas: Datos: Valor inicial: $162,500

Valor final: $434,295.65

Calculo: (Valor final − Valor inicial / valor inicial) x 100

(434,295.65 − 162,500 / 162,500) x 100 = (271,795.65 / 162,500) x 100 = 167.88%

O dicho de otra manera tienes in ROI infinito, recuperaste la inversión y la propiedad sigue siendo tuya junto con la plusvalía que va a generar y los ingresos de renta mensuales. Esto que acabas de aprender, multiplicado por varias propiedades, es el inicio de un imperio.

- **La red de tu imperio**

Ningún emperador gobernó solo. Los grandes constructores de imperios modernos tienen equipos, saben en donde buscarlos y sobre todas las cosas les permiten actuar en base a sus conocimientos. Henry

Ford, fue un empresario e ingeniero industrial fundador de la empresa Ford Motor Company, a él se le atribuye la frase: Pensar es el trabajo más difícil que existe, por eso mucha gente prefiere juzgar. Tu obligación es pensar en cómo y en quien formaran tu equipo. Puedes empezar buscando:

- A un mentor
- Abogados que protegen tu portafolio y tus activos.
- Agentes inmobiliarios que encuentran oportunidades.
- Agentes de préstamos hipotecarios.
- Banquero personal que entienda tu portafolio y ofrezca opciones de crédito.
- Financiamiento con instituciones privadas.
- Contador.
- Un agente profesional en preparación de impuestos.
- Un agente o agencia de publicidad para promover tus propiedades de renta.
- Un asesor financiero.
- Socios estratégicos que inviertan contigo.
- Agrega también en tu equipo a todas las personas que necesitas en tus propiedades: plomeros, electricistas, jardineros etc.

Un imperio no es individualismo, es liderazgo. Y el liderazgo consiste en unir personas en torno a una visión.

Te voy a compartir algo que me ha hecho literalmente millones de dólares. Esto aplica en todos los aspectos de tu vida, si logras entenderlo, pero sobre todo aplicarlo con honestidad te dará los mismos resultados que a mí. OTM (Other's time management) "Manejar el tiempo de otros".

Esto es muy importante en la construcción de tu imperio inmobiliario. Cuando tu manejas en este caso el tiempo de tu equipo y ellos producen para ti, estás querido lector en el otro lado de la ecuación, estás en el lado de utilizar el tiempo de otros para crecer tu. Los pobres venden tiempo, los ricos lo compran.

➤ Obstáculos y batallas

Todo imperio enfrenta guerras. En el mundo inmobiliario, las guerras son contra la deuda mala, la falta de disciplina, la burocracia, los impuestos, los empleados, un mal equipo, las envidias, los celos profesionales, la competencia y las crisis económicas.

Cómo enfrentarlos:

- **Deuda mala**: Nunca uses créditos para gastos que no generan retorno. La deuda mala es la que te quita dinero cada mes, como por ejemplo la casa en donde tu vives. La deuda buena es la que te da dinero cada mes. Ahora bien, si las propiedades de inversión te dan lo suficiente para pagar en totalidad el pago mensual de la casa en donde vives...ya estas por encima de los cimientos de tu imperio.

- **Disciplina**: Controla tus emociones; no compres por capricho. Una pregunta que siempre te va a ayudar a establecer disciplina es: ¿Lo quiero o lo necesito? Si lo quieres es gasto, si lo necesitas es una inversión.
- **Burocracia**: Aprende a moverte con paciencia y estrategia en trámites y permisos. Aquí es donde las relaciones públicas te ayudan, en ocasiones no avanzas porque no conoces a las personas que te ayuden a llegar a donde tú quieres.
- **Impuestos**: Usa deducciones legales y planeación fiscal para proteger tus ganancias. Una buena planeación en tus impuestos y una buena ejecución de ellos es tu carta de presentación financiera a los bancos.
- **Crisis**: Mientras otros entran en pánico, el constructor de imperios ve oportunidades. Mientras otros miran y ponen un problema a cada solución tu solo buscas y escuchas "oportunidades" Las crisis bien estudiadas son una de las mejores escuelas que te da la vida, durante la crisis siempre salen innovaciones, recursos, alternativas, y grandes ganancias.

➢ **El legado del imperio**

Construir un imperio no se trata solo de acumular propiedades. Se trata de dejar un legado.

Tus hijos pueden heredar tu dinero y gastarlo, pero si heredan tu imperio y la educación financiera para mantenerlo estarás asegurando generaciones de abundancia.

Un verdadero imperio no muere con su fundador, se expande. Nada marca más a los hijos que el ejemplo. Quizá a ellos no les gusten los bienes raíces, pero tú tienes la obligación de hacerlos parte de tu legado que en el futuro será de ellos.

Llévalos contigo a las reuniones con tu equipo, involúcralos en el día a día de tu negocio, consulta con ellos que harían en una decisión que debes tomar, pregúntales que es lo que les gusta y vincúlalo con tu imperio, déjales saber que si cuidan este legado que les vas a heredar, podrán disfrutar de lo que a ellos les gusta hacer sin tener miedo de su vida económica, les enseñarás que tu portafolio y lo que ellos decidan hacer con sus vidas es una forma de diversificar y no poner los huevos en una sola canasta. Pero cuidar la canasta que les da buenos resultados y dividendos es esencial.

La libertad que te da el saber que tus generaciones venideras están bien económicamente hablando, es un sentimiento de logro y de orgullo personal que muy pocos experimentan. Si tú eres como la gran mayoría que tiene que trabajar para construir su imperio porque a ti no te dejaron nada... ¿Qué esperas para ser el primero en tu familia? ¿Qué esperas para ser el primero que rompa la cadenita de mediocridad y del miedo a intentar, hacer y conquistar?

Dicen que Dios da, pero no acarrea, pídele a Dios que te ponga donde hay y tú te encargas del resto.

Tu corona te espera.

Construir tu imperio es una decisión, no un destino. No necesitas ser millonario para empezar, necesitas visión, acción y constancia. Necesitas prometerte a ti mismo que nunca te vas a dar por vencido, que nunca te vas a rajar.

Cada propiedad es un ladrillo.

Cada decisión financiera es un cimiento.

Cada relación estratégica es una columna.

Para terminar este capítulo, es necesario que sepas lo siguiente. El mejor integrante de tu equipo y el más importante es tu cónyuge o si estas soltero es la persona que elegirás para ser tu pareja. La empresa más bonita y difícil siempre será la familia.

Imperios se destruyen o se construyen por culpa o gracias a tu pareja sentimental, las batallas más importantes las pierdes o las ganas gracias al consejo, cuidado y apoyo de tu ser querido, de tu otra mitad.

Los objetivos se alcanzan o se abandonan porque no te sientes solo sabes que la persona que elegiste como compañero siempre está ahí contigo en las buenas, en las malas y las peores. Dicen que no hay mal pan cuando se tiene hambre, de la misma manera te aseguro que no hay batalla, guerra, reto, obstáculo que no puedas conquistar cuando sabes que no estás solo, cuando sabes que si caes esta alguien que amas a tu lado para ayudarte a levantarte.

Y un día, mirarás hacia atrás y te darás cuenta de que lo que empezó con una sola propiedad se convirtió en un imperio que lleva tu nombre.

El éxito lo encuentras después del miedo:

Helen Keller

"La seguridad es más que nada una superstición. La vida es una aventura atrevida o no es nada."

(Ella, siendo ciega y sorda, lo vivió en carne propia.)

CAPÍTULO IX

Visionarios que dejan legado y trascendencia

"El verdadero éxito no se mide en lo que acumulas en vida, sino en lo que dejas sembrado cuando ya no estés."

L a riqueza que trasciende.

Hay un punto en el camino donde el dinero deja de ser el objetivo principal. Al principio, luchamos por pagar deudas, por salir de la carrera de la rata, por darle un respiro a nuestra familia. Luego buscamos libertad financiera, tener propiedades que nos generen ingresos pasivos y tiempo para disfrutar la vida. Pero cuando alcanzas ese nivel, surge una pregunta más profunda:

¿Qué huella vas a dejar?

El juego de los bienes raíces no se trata solo de acumular casas, edificios o terrenos. Se trata de construir algo que trascienda tu vida: un legado que beneficie a tus hijos, a tus nietos, y hasta a tu comunidad.

Entonces, ¿Cómo pensar como un visionario? ¿Cómo planear tu legado y cómo asegurarte de que tu riqueza no se muera contigo, sino que siga viva en las generaciones que vienen?

Lo escuche de Facundo Cabral: El jardín lo tienes que cuidar para ti, para disfrutarlo, para olerlo...Pero también lo tienes que cuidar para los que vienen después de ti, para que ellos también lo disfruten, lo huelan.

Esto aplica en todo lo que hagas en la vida, desde cuidar un jardín hasta construir un portafolio para que los que vienen detrás de ti también se beneficien. Debes tener una visión más allá del dinero. El inversionista promedio piensa en cuánto puede ganar en un año. En cambio, un inversionista exitoso piensa en cuánto puede crecer en una década. Pero un visionario piensa en cómo sus decisiones cambiarán generaciones completas.

Sam Zell fue un inversionista inmobiliario estadounidense que construyó un imperio valuado en miles de millones de dólares, no porque naciera rico, sino porque supo ver oportunidades donde los demás veían crisis. Entre muchos aciertos y características que tuvo este magnate de los bienes raíces, aquí te pongo estas 3 para estar en la misma sintonía.

- Visión en medio de la adversidad: En los años 70, cuando muchos inversionistas huían del mercado por la inflación y las altas tasas de interés, (más altas de la que tenemos ahorita) Zell compraba propiedades devaluadas a precios ridículos. Él mismo se autodenominó "The Grave Dancer" (el que baila sobre las tumbas), porque decía que su estrategia era revivir activos que otros habían dado por muertos.

- Crecimiento estructurado: Zell no solo compraba y vendía, sino que creó empresas y fideicomisos de inversión inmobiliaria (REITs) que le dieron estabilidad a su imperio. Uno de sus más grandes éxitos fue Equity Residential, que llegó a ser uno de los mayores propietarios de departamentos en Estados Unidos.
- Legado: Sam Zell murió en 2023, pero dejó un legado claro: su visión de comprar cuando todos tienen miedo. Muchos de sus herederos no solo recibieron propiedades, sino también la estructura empresarial que sigue generando miles de millones de dólares en rentas.

La diferencia no fue el dinero, fue la visión.

En bienes raíces, cuando tú compras una propiedad pensando solo en cuánto te dejará de renta, piensas como un inversionista. Pero cuando compras pensando en cómo esa propiedad va a darle estabilidad a tus hijos, en cómo se apreciará en 20 o 30 años, en cómo la puedes proteger legal y fiscalmente para que pase a tu familia... ahí ya piensas como un visionario.

Aléjate de las personas que tienen mentalidad de pobre, de gente con mentalidad negativa, de esos que dicen:

- ¿Para qué les dejo herencia, para que salgan de pleito?
- ¿Para que invertir?, ¡El vivo al gozo y el muerto

al pozo!

- No te estés creyendo que en las conferencias te enseñan algo, solo te van a vender sus productos, y los que terminan haciéndose ricos son ellos con lo que te venden.
- ¿De verdad crees que yo te voy a dejar algo cuando me muera? ¿Para qué?

¿Para, que lo disfrute el sancho?

- A mis hijos que les cueste su trabajo obtener sus cosas, para que aprendan y le sufran, yo lo único que les voy a dejar es enseñarles a trabajar y el estudio... si es que puedo.

Cuando te encuentres a una persona que piense así, huye. Corre lo más rápido que puedas en sentido contrario a ese sujeto, recuerda que lo pendejo se pega y se contagia uno muy rápido.

Mentalidad de trascendencia:

La mayoría de las personas trabaja para sobrevivir. Se llenan la boca diciendo cosas como: Yo trabajo full time (tiempo completo), también dicen: En la vida debemos tener un balance, 8 horas para dormir, 8 para trabajar y 8 para disfrutar y hacer lo que nos gusta.

Algunos pocos trabajan para prosperar. Estos son los que trabajan tiempo extra o tienen más de un trabajo, estos son los que tienen y llevan un presupuesto, los que invierten y poco a poco empiezan a diversificar y vivir de sus rentas, estos son los que estudian e invierten en su cerebro.

Pero los más grandes trabajan para trascender.

Trabajar para trascender es mucho más que acumular riqueza o lograr libertad financiera. Es vivir con la certeza de que lo que estás construyendo hoy **no termina contigo**, sino que se convierte en un cimiento sólido para quienes vienen detrás.

Los que trabajan para trascender tienen una mentalidad distinta: no preguntan "¿Cuánto voy a ganar este mes?", sino "¿Qué historia quiero que cuente mi apellido dentro de 10, 15, 30 y 50 años?".

Ellos entienden que el dinero es fugaz si no se acompaña de visión. Saben que una herencia no son solo propiedades, sino también **valores, disciplina y educación financiera**. No heredan excusas, heredan mentalidad. No dejan deudas, dejan activos. No transmiten miedo, transmiten visión.

Características de los que trabajan para trascender

1. Piensan en décadas, no en quincenas.

Mientras la mayoría se preocupa por llegar a fin de mes, ellos se preocupan por cómo estarán sus nietos dentro de 30 años.

2. Crean sistemas que los sobreviven.

Forman empresas, fideicomisos, sociedades familiares. Entienden que el verdadero legado no está en un cheque, sino en un sistema que produce riqueza incluso cuando ellos ya no están.

3. Educan a su descendencia.

Los que trabajan para trascender saben que no basta con dejar bienes; hay que dejar sabiduría. Llevan a sus hijos a ver las propiedades, los incluyen en las juntas familiares y las juntas de negocios, los enseñan a administrar y reinvertir.

4. Piensan en comunidad.

Trascender no se trata solo de tu apellido. Se trata también de cómo tus inversiones impactan a tu barrio, tu ciudad, tu comunidad. Porque el verdadero legado no se mide en metros cuadrados, sino en las vidas que tocas.

A continuación, un par de ejemplos de personas que trascendieron: <u>Alfredo Harp Helú (México)</u>

- Empresario e inversionista mexicano, sobrino de Carlos Slim, pero con una trayectoria propia.
- Aunque hizo su fortuna en banca y negocios, destinó gran parte de su visión al sector inmobiliario y al desarrollo comunitario.
- Fundó la Fundación Alfredo Harp Helú, que utiliza rentas y proyectos inmobiliarios para

financiar educación, deporte y cultura en comunidades mexicanas.

- Un ejemplo: invirtió en la reconstrucción de Oaxaca después del terremoto de 2017, no solo con donativos, sino con proyectos sostenibles que generan empleo y vivienda.

Harp Helú entendió que trascender no es solo amasar propiedades, sino convertir esas propiedades en motores de impacto comunitario. Su apellido no solo se recuerda en edificios, sino en bibliotecas, becas y estadios que siguen beneficiando a millones.

Sam Zell (USA)

Como te mencioné antes, Zell fue un magnate inmobiliario que convirtió crisis en oportunidades. Pero lo que lo coloca en la categoría de trascender es que donó más de 200 millones de dólares a universidades y programas educativos a través de su fortuna inmobiliaria. Su visión no quedó en lo financiero, sino en preparar a las próximas generaciones.

Estos dos hombres trabajaron para trascender. Fórmulas de legado en bienes raíces.

En bienes raíces no solo construyes riqueza, también puedes estructurarla para que siga creciendo aun cuando tú ya no estés. Aquí te muestro fórmulas claras que miles de familias ricas han usado:

1. La fórmula del legado patrimonial

Herencia = (Propiedades libres de deudas o deudas que tienen un ROI positivo) + (Protección legal) + (Educación financiera a los herederos).

Ejemplo: Si dejas a tus hijos 10 propiedades pagadas o con préstamos con un retorno de inversión favorable que generan $1,500 mensuales cada una en renta, ellos tendrán

$15,000 al mes de por vida. Eso es mucho más poderoso que dejarles dinero en efectivo que puede gastarse.

2. La fórmula de la riqueza multiplicada

(Activos heredados × Educación heredada) = Riqueza multiplicada.

Si dejas propiedades, pero no educación, los herederos venderán barato.

Si dejas educación, pero no activos, tendrán ideas, pero no base. Cuando dejas **ambas**, tu legado se multiplica.

3. La fórmula de la trascendencia comunitaria

Legado real = Patrimonio familiar + Impacto comunitario.

No se trata solo de tu apellido, sino de cómo tus inversiones ayudan a otros:

- Casas de renta digna en barrios necesitados.
- Proyectos de desarrollo que crean empleos.
- Donaciones estratégicas a escuelas o fundaciones.

Ese impacto hace que tu nombre se recuerde más allá de tu familia. Estrategias prácticas para dejar legado

Aquí no vamos a hablar solo de inspiración, sino de acción:

A. Compra con visión hereditaria.

Cada propiedad que compres pregúntate: ¿Esto les servirá a mis hijos, a mis herederos o a mi comunidad?

B. Crea estructuras legales.

Fideicomisos, testamentos, corporaciones y LLC's no son lujos, son herramientas de trascendencia.

C. Educa a tu familia desde ya.

Lleva a tus hijos a ver tus propiedades, explícales lo que haces, enséñales con ejemplos.

D. Diversifica pensando en estabilidad.

No dejes todo en un solo tipo de propiedad. Combina propiedades residenciales, multifamiliares y comerciales.

E. Piensa en comunidad.

El éxito no se disfruta solo. Haz que tus propiedades también generen impacto positivo y enséñales a tus hijos que lo hagan mejor que tu cuando ya no estés con ellos en esta dimensión, cuando ya hayas entregado el equipo.

El poder de pensar como los grandes

¿Sabías que el 70% de las grandes fortunas se pierde en la segunda generación? Y más del 90% se pierde en la tercera.

¿Por qué? Porque el dinero sin visión se evapora.

Los Astor, los Rockefeller, los Walton (de Walmart) ... todos entendieron que el dinero es frágil si no se acompaña de educación, estructuras y visión.

Tú también puedes hacer lo mismo, no importa si empiezas con una sola propiedad. Lo importante es la intención y el sistema que construyes alrededor de ella. La mayoría de las personas piensan en pequeño porque fueron educadas para conformarse. Nos enseñaron a aspirar a un empleo seguro, a una casa modesta, a un retiro tranquilo. Pero los grandes, los verdaderos visionarios, piensan diferente: ellos piensan en décadas, en generaciones, en impacto.

¿Qué significa pensar como los grandes?

Significa ver oportunidades donde otros ven problemas

Cuando hay crisis, la mayoría se paraliza, vende, se asusta. Los grandes hacen lo contrario: compran en tiempos de miedo y venden en tiempos de euforia. No reaccionan con emociones, actúan con estrategia.

En la crisis inmobiliaria del 2008, millones de familias perdieron sus casas (yo incluido) y muchos inversionistas huyeron. Pero los que pensaban como los grandes compraron propiedades a precios de remate. Hoy esas mismas casas valen 2, 3 y hasta 4 veces más. Pensar como los grandes, no es enfocarse en lo inmediato, sino en lo inevitable. Un pequeño piensa en cuánto va a ganar el próximo mes.

Un grande piensa en qué pasará en 20 años con esa propiedad, esa ciudad o ese proyecto.

- ¿Cómo va a crecer la población en esta zona?
- ¿Qué nuevas carreteras, universidades o empresas vendrán aquí?
- ¿Cómo puedo dejar esta propiedad estructurada para que genere riqueza aun después de mí?

Construyen sistemas, no solo negocios. Un negocio mal estructurado depende del dueño. Un sistema funciona sin él. Los grandes piensan en estructuras que sobreviven: fideicomisos, corporaciones, sociedades familiares. De esa manera, la riqueza no se muere con la persona, sino que sigue viva como un río que nunca se seca.

Los grandes inversionistas multiplican, no consumen. La mentalidad pequeña dice: "Si me sobra dinero, me compro un carro o un viaje." La mentalidad grande dice: "Si me sobra dinero, lo reinvierto para multiplicar mis activos." Ellos saben que el verdadero lujo no es un auto del año, sino la libertad de que tus nietos nunca tengan que preocuparse por dinero.

Pensar como los grandes no depende de cuánto dinero tengas ahora, sino de cómo estructuras tu mente. Puedes empezar con una sola propiedad, pero si piensas como los grandes, la verás como la semilla de un bosque, no como una simple casa de renta.

Cuando piensas en grande:

- Compras con visión a largo plazo.
- Proteges tus bienes con estructuras legales.
- Enseñas a tu familia a multiplicar y no a gastar.
- Y entiendes que tu éxito no es solamente lo que disfrutas en vida, sino lo que dejas como herencia.

Llegar a ser inversionista es un logro. Convertirte en millonario es un sueño cumplido. Pero ser un visionario que deja un legado... **eso es trascendencia.**

Toma todo esto como un llamado a que no midas tu éxito solo en lo que logres comprar o ganar, sino en lo que vas a dejar:

- La educación que inculques.
- Los sistemas que construyas.
- La riqueza que multipliques.
- El impacto que generes.

El verdadero triunfo es que tu nombre y apellido, o el nombre de tu empresa, tu historia y tu visión sigan vivas mucho después de que tú ya no estés aquí.

Porque al final, la mejor propiedad que puedes construir no es solamente lo material, lo tangible, sino en el legado que deja tu vida.

En muchos casos tu legado material viene después de que heredaste un legado de valores y virtudes de alguien que marcó tu vida. Este legado es intangible, pero lo puedes sentir. Solo lo tienes en la memoria y es un tesoro que solamente tiene valor para ti y vale muchísimo.

Este legado como te mencione hace unos renglones atrás, es quizá lo único que necesitas para materializar los cimientos de tu legado material y tu trascendencia. Mi legado intangible tiene nombre y apellido. Se llamó Juan Jose González Corona.

Hermano de mi mamá, mi tío Juan.

Gracias a él, tengo la ética de trabajo, la disciplina, el amor a la familia, el bonito habito de ayudar a los demás, el aceptar con gratitud la responsabilidad, el saber que todo se puede hacer cuando te dedicas y te preparas, me enseñó también a nunca rendirme, a competir de una manera honesta y legal, a buscar las revanchas y las segundas oportunidades que te brinda la vida y los negocios, a aceptar las derrotas y fracasos como lecciones, a sentir nostalgia por lo que pudo ser pero no está en tus manos ni el control ni el resultado, me demostró cientos, miles de veces que se siente muy bien cuando lo das todo, cuando no te quedas con nada en el cuerpo y la mente, cuando te quedas con el tanque vacío recorriendo el camino de tus sueños y objetivos. Como ves, no me dejó dinero ni propiedades. Me dejó mucho más que eso.

Con el permiso no pedido a la familia de mi tío Juan Jose, les quiero compartir los "10 mandamientos" que según él harían que yo algún día dejara mi legado. Sin querer ser repetitivo, he abordado algunos de ellos en este capítulo y también algunos pasajes en este libro.

Los "10 mandamientos" son:

1.- Visión a largo plazo.

- No viven del día al día, piensan en décadas.
- Se hacen preguntas como: "¿Cómo impactará esto a mis nietos?"

2.- Disciplina inquebrantable.

- Saben postergar gratificaciones.
- Prefieren comprar un activo antes que un lujo pasajero.

3.- Paciencia estratégica.

- Entienden que la riqueza sólida no se construye rápido.
- Saben esperar el momento adecuado para comprar, vender o expandir.

4.- Resiliencia ante la adversidad.

- No se rinden en las crisis, las ven como oportunidades.
- En cada caída, buscan la lección que los hará más fuertes.

5.- Generosidad consciente.

- No piensan solo en acumular, piensan en compartir.
- Invierten en su comunidad, en la educación de

otros y en causas que trascienden.

6.- Humildad para aprender siempre.

- Reconocen que nunca lo saben todo.
- Buscan mentores, leen, se capacitan y se rodean de gente más sabia.

7.- Valentía para ir contra la corriente.

- No siguen la moda, siguen su visión.
- Compran cuando todos venden, y construyen cuando otros dudan.

8.- Responsabilidad intergeneracional.

- Se sienten responsables no solo de su presente, sino del futuro de su apellido.
- No piensan en lo que pueden gastar, sino en lo que deben preservar y multiplicar.

9.- Capacidad de liderazgo.

- Saben inspirar y guiar a otros, empezando por su propia familia.
- Crean equipos, delegan, forman a sus herederos para que continúen su misión.

10.- Fe en algo más grande que ellos mismos.

- Pueden llamarlo Dios, propósito, misión,

universo o destino.

- Pero todos creen que su vida no se trata solo de ellos, sino de algo superior que deben cumplir.

Dicen que la manzana no cae lejos del árbol, el papá de él, mi abuelo Crescencio González, le pasó y transmitió ese legado primero a sus hijos. Mi abuelo es el mismo hombre que me dijo: Mira mijo, recuerda siempre y que nunca se te olvide;

"El que tiene el privilegio de saber, tiene la obligación de enseñar".

Y así, "sin querer queriendo" como lo dijo el gran Roberto Gómez Bolaños Chespirito, me he encontrado infinidad de personajes de la vida real que a lo largo de mi vida y de mi carrera profesional me han marcado, enseñado y también me han ayudado a corroborar que lo que me dijo mi tío Juan era verdad.

Aquí te dejo una relación de "los 10 mandamientos" y las personas que he visto y que tú también con seguridad conoces para que reafirme tu visión a futuro y el inicio de tu legado.

1.- Visión a largo plazo – Warren Buffett

El "Oráculo de Omaha" nunca invierte pensando

en un trimestre. Su filosofía es: "Nuestro periodo de inversión favorito es para siempre." En bienes raíces y empresas, Buffett ve décadas por delante.

2.- Disciplina inquebrantable – Carlos Slim (México)

Slim siempre fue austero. Incluso cuando ya era multimillonario, conducía el mismo coche y trabajaba en una oficina sencilla. Su disciplina financiera lo llevó a consolidar un imperio que hoy incluye telecomunicaciones, inmobiliarias y bancos.

3.- Paciencia estratégica – Donald Bren (EE. UU.)

Dueño de **Irvine Company**, uno de los desarrolladores inmobiliarios más grandes de EE. UU. Bren compraba tierras en California y esperaba pacientemente décadas hasta que el desarrollo urbano las hacía altamente valiosas. Su riqueza provino de su paciencia, no de movimientos rápidos.

4.- Resiliencia ante la adversidad – Moisés Saba Masri (México)

Moisés Saba Masri fue un empresario e

inversionista inmobiliario mexicano de origen libanés. Su historia está marcada por la resiliencia frente a las crisis. Durante los años 80 y 90, cuando México enfrentaba devaluaciones, inflación desbordada y colapsos financieros, muchos empresarios quebraron o abandonaron el sector inmobiliario.

Saba, en cambio, resistió. Compró propiedades devaluadas, aprovechó terrenos estratégicos y tuvo la visión de apostar en desarrollos comerciales cuando casi nadie creía en ellos. Participó en la construcción de centros comerciales y hoteles, incluso en momentos en que la economía parecía desplomarse.

Lo más importante es que su resiliencia no solo lo mantuvo a flote, sino que lo convirtió en uno de los desarrolladores más influyentes de México en su época. Su capacidad de levantarse en cada crisis y seguir apostando por el ladrillo refleja perfectamente el carácter de los que piensan en grande.

5.- Generosidad consciente – Jorge Pérez (Argentina/EE. UU.)

Conocido como "El Rey de los Condominios" en Miami, Jorge Pérez no solo construyó lujosos desarrollos inmobiliarios, sino que destinó cientos de millones de dólares al arte y la cultura. El **Pérez Art Museum Miami (PAMM)** lleva su nombre gracias a sus donaciones. Su visión demuestra que los bienes raíces no solo crean riqueza, también pueden levantar comunidades culturales enteras.

6.- Humildad para aprender siempre – Howard Schultz (Starbucks, EE. UU.)

Aunque no inició en bienes raíces directamente, Schultz convirtió Starbucks en una potencia mundial porque entendió que cada tienda también era una pieza inmobiliaria estratégica. Nunca dejó de aprender de sus fracasos y siempre buscó rodearse de expertos.

7.- Valentía para ir contra la corriente – Sam Walton (Walmart, EE. UU.)

Cuando todos los grandes minoristas se enfocaban en las grandes ciudades, Walton apostó por abrir tiendas en pueblos pequeños. Su decisión "loca" se convirtió en la cadena de retail más grande del mundo. En el sector inmobiliario, esa misma mentalidad se traduce en invertir donde nadie más quiere.

8.- Responsabilidad intergeneracional – Walt Disney (EE.UU.)

Disney no solo creó un parque, sino un modelo de ciudad y legado familiar. Compró miles de hectáreas en Florida con visión estratégica y hoy su familia, junto con la corporación, siguen beneficiándose de ese portafolio. Su visión fue estructurada para sobrevivir generaciones.

9.- Capacidad de liderazgo – Stephen Ross (EE. UU.)

Fundador de Related Companies, es uno de los desarrolladores más importantes de Estados Unidos. Ross fue quien desarrolló el imponente complejo Hudson Yards en Nueva York. No lo hizo solo: reunió arquitectos, inversionistas, bancos, políticos y comunidades en un mismo proyecto. Su capacidad de liderazgo convirtió un espacio abandonado en el desarrollo inmobiliario privado más grande de la historia de USA

10.- Fe en algo más grande que ellos mismos – Truett Cathy (Chick-fil-A, USA)

Fundador de la cadena, profundamente religioso, decidió cerrar todos los restaurantes los domingos por convicción espiritual, aun cuando significaba perder millones en ventas. Esa fe en su propósito permeó a su familia y hoy la empresa sigue en manos de sus herederos con los mismos principios.

Estos 10 nombres muestran que la mentalidad trascendente no es teoría: existe, se vive y se respira en la vida de visionarios. Algunos empezaron pobres, otros con privilegios, pero todos compartieron las mismas características de carácter: visión, disciplina, paciencia, resiliencia, generosidad, humildad, valentía, responsabilidad, liderazgo y fe.

El éxito lo encuentras después del miedo:

Muhammad Ali

"El hombre que no tiene imaginación no tiene alas."

(Ali reconocía que antes de cada pelea sentía miedo, pero usaba ese miedo como gasolina para volar más alto.)

Capítulo X

Es tu turno, conviértete en el próximo gran inversionista

"El escenario ya está listo. Los grandes ya jugaron, dejaron su legado y nos mostraron el camino. Ahora, es tu turno de entrar a la cancha y demostrar de qué estás hecho."
—Ben Poli.

El momento llegó. Has caminado conmigo a lo largo de estas páginas.

Has aprendido principios, fórmulas, mentalidades, estrategias y secretos que los ricos aplican todos los días para multiplicar su riqueza. Has visto ejemplos de hombres y mujeres que vencieron el miedo y se convirtieron en leyendas.

Pero este libro no se escribió solo para admirar lo que otros hicieron. Se escribió para ti. Para que, al cerrar estas páginas, te levantes, mires hacia adelante y digas con toda certeza: ¡Hoy comienza mi historia! ¡HOY TOCA PAPÁ!

Ya no se trata de información. Se trata de acción.

Porque la diferencia entre el soñador y el inversionista exitoso es una sola: el inversionista se lanza con todo, se va al matadero, aunque tenga miedo porque confía en su capacidad de salir victorioso. Te tienes que ir dispuesto a ponerle el pecho a las balas. ¡Que me echen al toro, y dame un poncho para torearlo al pinchi!

Cerrar este ciclo de aprendizaje y abrir tu propio camino como el próximo gran inversionista que sé que eres.

La vida siempre recompensa a los que se atreven. Y más te vale ser atrevido, aunque la vida te dé un par de cachetadas al intento. En cada ciudad hay miles de personas con sueños. Sueñan con tener una casa, con darles un mejor futuro a sus hijos, con retirarse sin preocupaciones.

Pero entre esos miles, solo unos pocos toman la decisión de atreverse. Y esos pocos son los que cambian la historia. Los demás solo tienen arranque de caballo y parada de burro. **La vida no le paga al que espera, le paga al que actúa.** No necesitas tener todas las respuestas, ni esperar el "momento perfecto". Ese momento nunca llega. El momento es ahora y en calidad de "en chinga".

Los grandes inversionistas empezaron con miedo, con dudas, incluso con críticas de su propia familia.

¿La diferencia? No se quedaron quietos. Aunque el corazón estaba apachurrado por la tristeza, le pusieron oídos sordos a las críticas y siguieron adelante. Aunque se sintieron abandonados por la gente que se "supone" que los quiere y deberían de estar ahí con ellos, se hicieron amigos de la soledad y decidieron actuar.

Si das un paso hoy, aunque sea pequeño, ya estás más cerca de tu libertad financiera que el 90% de las personas que solo piensan en hacerlo "algún día" y ese día nunca llega.

Tu herencia no será de palabras, será de propiedades. Mira hacia atrás: ¿Qué dejaron tus padres o abuelos?

Tal vez dejaron al igual que a mí, amor, trabajo duro, principios... pero muy pocos dejaron propiedades, negocios o riqueza. Ahora mírate a ti: ¿Qué vas a dejar tú? Y si dices: Voy a dejarles amor, principios y valores sabiendo que puedes dejar mucho más que eso, eres una persona muy egoísta.

La gente común hereda problemas; los inversionistas dejan patrimonio.

Tu mayor regalo para tus hijos y nietos no será un consejo solamente, también será un edificio de departamentos o un portafolio de casas que les dé ingresos pasivos. No será un "échale ganas" nada más, será un portafolio que multiplique su valor con el tiempo para que le sigan echándole ganas.

Esa es la diferencia entre repetir la historia... o cambiarla para siempre. Y eso, está muy bonito, muy difícil y muy cabrón. Pero eso es justamente lo que hacen los que ganan. Hacen lo que está difícil. Lo que nadie está dispuesto a hacer o a intentar.

El inversionista no nace, se forma. Como te dije anteriormente, nadie nace sabiendo invertir.

El inversionista se hace en el campo de batalla, a

golpes de aprendizaje. Se hace leyendo, escuchando, tomando cursos, rodeándose de otros inversionistas y, sobre todo, cerrando tratos. No te compares con los que llevan años haciéndolo. Compárate con la persona que eras ayer.

Cada propiedad que analices, cada contrato que leas, cada conversación que tengas con un banquero o un vendedor te está formando. Y cuando menos lo imagines, los demás te verán como el experto.

Se requieren 10,000 horas de trabajo en una materia u oficio para ser considerado experto en algo. A lo que hoy llamas miedo, mañana se llamará experiencia. Recuerda la primera vez que manejaste un carro. Las manos te sudaban, estabas tenso, mirabas los espejos cada segundo. Hoy, manejas mientras hablas por teléfono, escuchas música o hasta tomas café.

Lo mismo pasa con las inversiones.

Al inicio todo parece complicado: contratos, números, bancos, estrategias.

Pero si lo haces una y otra vez, llegará el día en que comprar una propiedad será tan natural como manejar a la tienda.

Nunca huyas del miedo: abrázalo, porque significa que estás creciendo. La disciplina le gana al talento, así como verbo mata carita. He visto personas con un talento enorme para los negocios, pero sin disciplina y... ¿Qué pasa?

Fracasan. Y también he visto personas sin grandes estudios ni contactos, pero con disciplina de hierro.

¿Qué pasa con ellos? Construyen imperios.

La clave no está en ser el más inteligente, sino en ser el más constante.

Que todos los días avances un poco:

- Analiza propiedades.
- Habla con agentes de préstamos y de bienes raíces.
- Ahorra para el próximo enganche.
- Asiste a eventos de networking.
- Lee.
- Ve a conferencias, convenciones y seminarios.
- Encuentra a un mentor.

La disciplina convierte la intención en patrimonio. El poder de pensar en grande hace precisamente grandes cosas. Si piensas en comprar una casita, solo tendrás una casita.

Si piensas en un edificio de 20 departamentos, abrirás tu mente a cómo lograrlo.

La vida no te da lo que mereces, te da lo que pides

y trabajas. Nada es por merecimiento, nadie te debe nada. Así que piensa en grande. Sueña en grande. Actúa en grande. Te vas a gastar la misma energía y el mismo tiempo pensando en pequeño.

¿Quieres ser recordado como el que siempre fue inquilino, siempre rentó o ese tipo tuvo "una casa pagada"?

¿O como el que construyó un legado de propiedades que seguirá generando riqueza por generaciones? La respuesta está en cómo piensas. Esa es la única diferencia entre los que ganan en este juego y los que ni siquiera juegan.

No camines solo, rodéate de gigantes. Los inversionistas que caminan solos avanzan lento. Los que se rodean de mentores, socios y comunidades de inversionistas avanzan diez veces más rápido. No es carrera de velocidad compitiendo solos, es una carrera de maratón compitiendo en equipo.

No subestimes el poder de tu círculo.

Si tu círculo no habla de inversiones, cambia de círculo.

Rodéate de gente que ya logró lo que tú quieres, y tu mente se expandirá automáticamente. Dime con quien andas y te diré quién eres.

Nunca olvides que el éxito deja pistas, y esas

pistas están en las personas que ya recorrieron el camino. El tiempo es tu recurso más valioso, no lo desperdicies.

Puedes perder dinero y volver a ganarlo. Pero el tiempo... ese no regresa. Cada año que pasa sin invertir, es dinero perdido. No hay peor dolor que ver los precios de las casas subir y pensar: "si hubiera comprado el año pasado..."

El mejor momento para invertir fue ayer. El segundo mejor momento es hoy. No pospongas tu libertad financiera. El tiempo no perdona, pero sí recompensa a los que actúan.

El inversionista deja huellas, no excusas. La mayoría tiene excusas:

- "No tengo dinero."
- "No se como hacerlo."
- "No tengo tiempo."
- "El mercado está caro."
- "Tengo miedo."
- "Mi esposo no me apoya."
- "Tengo hijos que mantener."

Los grandes inversionistas tienen resultados. El que quiere, encuentra un cómo.

El que no quiere, encuentra un por qué no.

Decide hoy qué tipo de persona eres: ¿La que se excusa... o la que deja huella?

Nadie te va a entregar las llaves de tu libertad financiera en una charola de plata. Nadie te va a aplaudir al inicio. **Al contrario: se van a burlar, van a decir que estás loco, que sueñas demasiado, que no puedes.**

¿Y sabes qué? Eso es señal de que vas en el camino correcto.

Cada gran inversionista que conoces hoy, alguna vez fue el "soñador ridículo" de su barrio. Alguna vez lo señalaron, lo criticaron, lo ignoraron. Pero mientras los demás hablaban, él trabajaba. Mientras los demás ponían excusas, él daba pasos.

Mientras los demás se quedaban viendo Netflix, él estaba viendo propiedades.

El mundo está lleno de críticos pobres y de soñadores frustrados. Tú no vas a ser uno más. Tú vas a ser la excepción. Lo vas a hacer porque puedes y porque ¡Se te da la reverenda gana!

Cuando compres tu primera propiedad, no será solo una transacción. Será tu declaración de guerra contra la mediocridad. Será el inicio de tu imperio. Porque no se trata solo de ladrillos y cemento, se trata de identidad, de destino y de legado.

Nunca olvides que el tiempo corre y no perdona.

Hoy estás aquí leyendo estas líneas, pero mañana... quién sabe. No sigas esperando. No sigas mirando cómo otros lo hacen.

Hazlo tú. Arriésgate. Suda. Equivócate. Levántate. Aprende. Y vuelve a intentarlo hasta que lo logres.

Porque al final, los que logran y heredan grandeza no son los más inteligentes, ni los más ricos, ni los más preparados. Son los más tercos, los que se aferran hasta que la vida les abre la puerta. Los que hoy llaman resilientes.

Este libro termina aquí, pero tu misión apenas comienza.

Así que camina firme, levanta la frente, ponte los guantes y entra al ring. Es tu turno. Y el mundo está esperando ver de qué estás hecho.

Hasta aquí llegaste acompañado de mi voz, mis historias, mis consejos y también de mis malas palabras. Pero el próximo capítulo ya no lo escribo yo: lo escribes tú. Tu historia apenas comienza.

Quiero que, al cerrarlo, escribas en una libreta tres cosas:

1. ¿Cuál es tu meta financiera en los próximos 5 años?

2. ¿Qué propiedad vas a empezar a buscar desde

mañana mismo y a quien vas a llamar para pedir guía y ayuda?

3. ¿Qué miedo vas a vencer primero para avanzar?

Porque no importa cuántos libros leas, cuántos videos veas o cuántos cursos tomes.

Si no pasas a la acción, todo se queda en sueños.

La diferencia entre los que leen... y los que triunfan, es que los segundos se

atreven, piensan y hacen.

El mundo necesita más inversionistas que piensen en grande.

Necesita más hispanos construyendo riqueza, dejando legado y rompiendo cadenas de pobreza.

Ese próximo gran inversionista... **eres tú.** Yo no tengo dudas.

No mires a los lados. No esperes aprobación. No pidas permiso. ¿Te da vergüenza que yo tenga más fe en ti que tú en ti mismo? ¡Qué bueno!

¿Que estas esperando para mover el trasero, levantarte, cambiar tu manera de pensar, dejar de pensar como pobre y por fin ponerte a actuar?

¿Quieres que baje el Espíritu Santo o la Virgen Maria para que te den verbalmente la aprobación de que lo debes de hacer?

¿O de plano te sientes el niño Dios y quieres que los reyes magos te traigan riqueza solo por haber nacido?

No tengas miedo, no seas flojo, deja de poner pretextos y toma la decisión más importante de tu vida, usa tus talentos y demuéstrate a ti mismo lo que eres capaz de hacer cuando te decides a hacerlo. Diseña y trabaja en lograr y construir tu imperio.

No te la pienses tanto. Simplemente lánzate con todo.

Porque cuando das el primer paso, la vida se encarga de abrirte el camino.

El éxito lo encuentras después del miedo:

Steve Jobs

"Recordar que vas a morir es la mejor manera que conozco de evitar la trampa de pensar que tienes algo que perder."

(Discurso en Stanford, 2005.)

¡¡Nos vemos en la cima!!

FLAVIO JIMENEZ.

CONTESTA LAS SIGUIENTES PREGUNTAS:

¿EN DONDE ESTÁS PARADO FINANCIERAMENTE?

1. ¿Cuál es tu puntaje de crédito? _____

   ☐ *Menos de 640 puntos en tu crédito, tienes que trabajar en él.*

   ☐ *De 640-680, es "normal".*

   ☐ *De 680-720, es bueno.*

   ☐ *De 720 en adelante, es excelente.*

2. ¿Cuánto vales en dinero?   _____

   * *Si vendieras todo lo que tienes, y pagaras todas tus deudas, ¿con cuánto dinero cuentas incluyendo tus ahorros?*

3. ¿Cuánto ingresas al mes?   _____

4. ¿Cuánto reportas de impuestos actualmente?

   _____

5. ¿Eres honesto en tu declaración o haces fraude fiscal y declaras menos para no pagarle al IRS?

   ☐ *SÍ*   ☐ *NO*

6. ¿Cuánto gastas al mes? _____

   * *Tus gastos incluyen todo tu estilo de vida, desde una goma de mascar, hasta el pago de tu hipoteca o renta.*

7. ¿Haces un presupuesto mensual?

   ☐ *SÍ*   ☐ *NO*

8. ¿Tienes un fondo de emergencia?

   ☐ *SÍ*   ☐ *NO*

   * *Los expertos recomiendan que tengas un mínimo de 3 meses ahorrados del total de tus gastos mensuales y/o de tu estilo de vida.*

9. ¿Cuánto debes y cuáles son tus obligaciones crediticias? _____

10. ¿Qué porcentaje de tus ingresos se van para pagar tus deudas? _____

11. ¿Qué porcentaje de tus ingresos se van para pagar tu estilo de vida? _____

12. ¿Qué porcentaje de tus ingresos son destinados al ahorro? _____

13. ¿Cuánto tienes ahorrado? _____

14. Y de tus ahorros, ¿qué porcentaje usas para invertir?

_____

15. ¿Tienes acceso a dinero en la plusvalía de tu casa o préstamos personales?

☐ *SÍ*   ☐ *NO*

16. ¿A cuánto dinero tienes acceso? _____

ACERCA DEL AUTOR

Flavio Jimenez es el fundador de ROI by FJ, grupo de mentoría privada que está orientada a desarrollar el máximo potencial de las personas tanto a nivel personal como financiero mediante bienes raíces. Su propósito personal es brindar educación a la Comunidad Hispana para cambiar la manera de pensar con respecto al dinero.

Enseñar cómo ser libre financieramente, aniquilar tus deudas malas de una manera exacta, utilizando matemáticas, apalancarte en la deuda buena para generar ingresos toda la vida. Su misión profesional es convertir a todos sus clientes y miembros de sus respectivos grupos en sus propios bancos, generando y construyendo plataformas colectivas de inversión.

Nacido en Estados Unidos, pero creció y vivió en Jalisco México, Flavio Jimenez entiende y se identifica perfectamente con los Latinos en USA.

La familia, el idioma español, cultura, el folklore, las tradiciones y costumbres adquiridas en su formación en México hacen que Flavio Jimenez interprete y perciba las similitudes de los latinos de todo el continente americano.

Para aprender más sobre Flavio Jimenez, su grupo de mentoría y los servicios que ofrece. Visitar nuestra página web:

www.flaviojimenez.com

www.ingramcontent.com/pod-product-compliance
Lightning Source LLC
Chambersburg PA
CBHW040849210326
41597CB00029B/4780